CONSULTATION

SUR

LE PROJET DE LOI

RELATIF

A LA LIBERTÉ D'ASSOCIATION

LILLE

IMPRIMERIE H. DETOURNAY

15, RUE D'ANGLETERRE

CONSULTATION

SUR

LE PROJET DE LOI

RELATIF

A LA LIBERTÉ D'ASSOCIATION

LILLE

IMPRIMERIE H. DETOURNAY

15, RUE D'ANGLETERRE

CONSULTATION

SUR

LE PROJET DE LOI RELATIF A LA LIBERTÉ D'ASSOCIATION

Le soussigné, ancien bâtonnier de l'ordre des avocats près la Cour d'Appel, Consulté par Leurs Éminences le Cardinal LANGÉNIEUX. Archevêque de Reims, le Cardinal RICHARD, Archevêque de Paris, le Cardinal PERRAUD, Évêque d'Autun, et le Cardinal COULLIÉ, Archevêque de Lyon, sur la situation faite aux associations religieuses par le projet de loi déposé le 14 novembre 1899 par M. Waldeck-Rousseau, Président du Conseil, au nom du Gouvernement, sur le Contrat d'association,

Est d'avis des résolutions suivantes :

Le projet de loi du 14 novembre 1899 peut s'analyser dans les deux propositions que voici :

Si l'art. 2 du projet est voté, toutes les associations religieuses sont supprimées, sauf celles autorisées ou reconnues avant la loi qui serait promulguée : associations d'hommes ou de femmes, associations de prière, de charité, d'enseignement, de prédication, d'évangélisation ;

Si l'art. 2 est rejeté, mais que l'art. 13 soit voté, les associations religieuses pourront vivre, celles du moins auxquelles il plaira au Gouvernement de permettre de vivre, mais d'une vie précaire et incertaine, le Gouvernement pouvant toujours retirer le lendemain l'autorisation qu'il a donnée la veille; de plus, à moins d'un décret rendu en Conseil d'État leur conférant la personnalité civile, ces associations ne pourront rien posséder en propre, pas même l'immeuble qu'elles occuperont.

Cet ostracisme des associations religieuses est, à notre avis, inacceptable dans un pays libre, et nous croyons qu'il appartient non seulement aux jurisconsultes catholiques, mais à tous les esprits libéraux de la France, de le combattre et de demander aux Ministres qui l'ont proposé et au Parlement qui en est saisi de substituer à ces dispositions une loi de liberté si impatiemment attendue.

Ce projet de loi est, en ce qui touche les associations religieuses, contraire aux principes essentiels de notre droit public et privé; il est contraire à la liberté des cultes et au Concordat qui la garantit; il est en opposition avec toutes les traditions de la France, malgré les souvenirs du droit Romain qui pèsent sur nous en cette matière, et qui ont donné à notre législation un caractère si peu libéral; il est en désaccord avec le mouvement qui, depuis près d'un demi-siècle, se manifeste dans toutes les législations en faveur du droit d'association pour les catholiques; il est contredit par les aspirations de la France contemporaine vers la liberté d'association qu'elle réclame, par ses esprits les plus éminents, pour tous ses enfants, sans distinction.

C'est ce que nous allons essayer de démontrer dans les lignes qui vont suivre.

I

Il importe tout d'abord de bien préciser l'économie du projet de loi du 14 novembre 1899, relativement aux associations religieuses. En la forme, il n'en parle pas. Nous croyons que les mots d'association religieuse ne se trouvent ni dans le projet lui-même, ni dans l'*Exposé des motifs* qui le précède.

Mais, s'il n'en parle pas, il ne faut pas conclure qu'il ne s'en occupe pas, et dans chaque page, pour ainsi dire, se révèle la préoccupation de supprimer ou d'annihiler les Ordres religieux en France.

D'ailleurs, si l'on veut avoir une notion plus complète des dispositions qu'il renferme, il suffit de se reporter au projet déposé aussi au nom du Gouvernement par M. Waldeck-Rousseau, alors Ministre de l'Intérieur, le 23 octobre 1883. Il y a entre ce projet et celui du 14 novembre 1899 une grande analogie, une similitude de tendances; seulement le projet de 1899 est beaucoup plus dur pour les associations religieuses.

Comme l'*Exposé des motifs* du projet de 1883 est plus détaillé, nous devrons y avoir recours pour éclairer la portée du projet actuel.

La première disposition du projet de 1899, relative aux associations religieuses, est contenue dans l'art. 2; c'est la suppression complète de toute association religieuse :

« *Toute association*, fondée sur une cause ou en vue d'un objet illicite, con-« traire aux lois, à la Constitution, à l'ordre public, aux bonnes mœurs, *ou* « *emportant renonciation aux droits qui ne sont pas dans le commerce, est nul* « *et de nul effet.* »

Comme les trois vœux de chasteté, d'obéissance et de pauvreté sont de l'essence de l'Institut monastique, et que les droits auxquels ces vœux emportent renonciation ne sont pas dans le commerce, il est évident que ce sont les associations religieuses que l'article a voulu viser.

Tout le monde le comprend ainsi, et voici comment M. Yves Guyot résume dans le journal *le Siècle* le projet de loi du 14 novembre 1899, projet que d'ailleurs il approuve :

« ...... Les Congrégations, composées d'hommes ou de femmes qui font « vœu de célibat, tombent sous le coup du même article 2. Donc, *la loi interdit* « *les Congrégations*. Pourquoi ne pas le dire explicitement?

« Les Jésuites, les Dominicains, les Capucins, les Bénédictins, les Carmes « et autres Congrégations sont des associations formées entre Français et « étrangers; leur siège et leur direction sont à l'étranger; elles devront donc « demander une autorisation; Méline lui-même hésiterait à la leur donner, si « jamais il revenait au pouvoir; donc elles seront *réputées illicites* et ceux qui « en auront fait partie ou qui s'y seront affiliés seront punis des peines édic-« tées en l'art. 7, c'est à dire d'une amende de 16 à 5.000ᶠ et d'une mprison-« nement de six jours à un an.

« Nous voici donc en face des formes d'associations suivantes :

« 1º Les sociétés de commerce auxquelles il n'est rien changé.

« 2º Les syndicats professionnels tous doués de la personnalité civile, qui « ne sont tenus qu'à faire connaître les noms de leurs fondateurs et admi-« nistrateurs; véritables sociétés secrètes, instituées sans durée déterminée, « et n'étant obligées à aucun compte matériel ni moral.

« 3º Les associations non reconnues, censées n'être que des associations « de personnes, n'ayant pas le droit de posséder ni d'ester en justice ; asso-« ciations précaires. La loi porte que si ces associations ont un but illicite, « elles devront être dissoutes : et d'après les définitions données, on peut

« considérer que toutes les associations religieuses tomberaient sous le coup
« de la loi.

« 4° Les associations entre Français et étrangers devront être autorisées.
« Toutes les grandes Congrégations religieuses sont dissoutes par le fait de
« cet article.

« 5° Certaines associations pourront être douées de la personnalité civile
« par une reconnaissance rendue par décret en Conseil d'État.

« Nous eussions préféré une loi plus nette et qui s'étendît aussi bien aux
« syndicats professionnels qu'aux autres associations. *Pourquoi en faire des
« associations privilégiées ?*

« Enfin nous constatons que les associations qui ne seront pas reconnues
« ne seront que des associations précaires, puisqu'elles ne pourront ni pos-
« séder, ni emprunter, ni aliéner, ni défendre leurs biens.

« Si cette loi est appliquée, *elle abolira toutes les Congrégations religieuses
« non autorisées.* »

D'ailleurs, on ne peut avoir un doute sur la portée du projet de 1899, si l'on
compare l'*Exposé des motifs* du projet de 1883 à celui de 1899. Dans l'un comme
dans l'autre, ce sont les associations religieuses que l'on a entendu atteindre;
seulement, le projet de 1883 le déclare expressément, tandis que celui de 1899
le sous-entend :

<table>
<tr><td>

EXPOSÉ DES MOTIFS

DU PROJET DU 23 OCTOBRE 1883

———

« Une restriction formelle est au
« contraire apportée à la formation
« des associations entre Français et
« étrangers, à la formation des Con-
« grégations religieuses.

« Notre droit public, toutes les
« Constitutions républicaines ont, à
« mainte reprise, proscrit tout ce qui
« constituerait une abdication des
« droits de l'individu, une renoncia-

</td><td>

EXPOSÉ DES MOTIFS

DU PROJET DU 14 NOVEMBRE 1899

———

« Notre droit public, celui de tous
« les États, proscrit tout ce qui consti-
« tuerait une abdication des droits
« de l'individu, une renonciation à
« l'exercice des facultés naturelles de
« tous les citoyens : droit de se ma-
« rier, d'acheter, de vendre, de faire
« le commerce, d'exercer une profes-
« sion, de posséder, en un mot, tout
« ce qui ressemblerait à *une servitude*

</td></tr>
</table>

« tion à l'exercice des facultés natu-
« relles de tous les citoyens : droit de
« se marier, d'acheter, de vendre, de
« faire le commerce, d'exercer une
« profession, de posséder, en un mot,
« tout ce qui ressemblerait à *une ser-*
« *vitude personnelle.* De là vient que
« tout engagement personnel doit être
« temporaire et que, même tempo-
« raire, il ne peut être *absolu,* porter
« sur l'ensemble des droits de la per-
« sonne.

« L'association qui reposerait sur
« une abdication de cette nature, loin
« de tourner au profit de chacun de
« ses membres, tendrait directement
« à le diminuer, sinon à l'anéantir.

« Or, tel est le vice de la Congré-
« gation proprement dite. Elle n'est
« pas une association formée pour dé-
« velopper l'individu : elle le suppri-
« me; il n'en profite pas; il s'y absorbe.

« Ce renoncement est assez haute-
« ment proclamé par la Constitution
« de la plupart des Ordres monasti-
« ques, pour qu'une société vigilante,
« soucieuse de sa conservation, ne se
« désintéresse pas de leur formation,
« de leur développement. L'art. 18 pro-
« pose de décider que aucune Congré-
« gation religieuse ne pourra s'établir
« sans autorisation. »

« *personnelle.* De là vient que tout en-
« gagement personnel, par voie d'as-
« sociation, comme par tout autre con-
« trat, doit être temporaire, et que,
« même temporaire, il ne peut être
« absolu, porter sur l'ensemble des
« droits de la personne.

« L'association qui reposerait sur
« une renonciation de cette nature,
« loin de tourner au profit de chacun
« de ses membres, tendrait directe-
« ment à le diminuer, sinon à l'anéan-
« tir, par les principes généraux du
« droit. L'article 3 en fait l'application
« spéciale à la matière. »

Il est notable que le projet de 1883 de M. Waldeck-Rousseau ne concluait nullement, comme le projet de 1899, à la suppression des associations religieuses; avec le même point de départ, en invoquant les même motifs, il aboutissait seulement à la nécessité pour ces associations d'obtenir l'autorisation du Gouvernement :

« *Ne peuvent se former sans autorisation préalable*, disait l'article 18 :

« 1° Aucune association entre Français et étrangers; 2° aucune *Congrégation « religieuse.* »

Dans le projet actuel, l'article 2 que nous examinons porte que ces associations « *sont nulles et de nul effet.* »

Voici maintenant la sanction de cette prohibition, d'après le projet de 1899.

Aux termes de l'art. 6, la dissolution de l'association est prononcée à la requête de tout intéressé, ou à la diligence du Ministère public : le jugement qui la prononce fait défense de la reconstituer, en tout ou en partie, sous n'importe quelle forme, sous peine d'encourir les peines de l'art. 7.

Puis viennent les pénalités; elles existaient déjà dans le projet de 1883 :

<table>
<tr><td>

PROJET DU 23 OCTOBRE 1883

</td><td>

PROJET DU 14 NOVEMBRE 1899

</td></tr>
<tr><td>

ARTICLE 5. — « Les fondateurs et « administrateurs des associations « ayant une cause illicite, ainsi que « ceux qui auront concouru sciemment « à leur formation, seront punis *d'un « emprisonnement de six mois à deux « ans et d'une amende de 500 à 2.000'.*

ARTICLE 6. — « Sera punie *d'une « amende de 50 à 500' et d'un emprison- « nement de quinze jours à six mois* « tout membre d'une association re- « constituée contrairement aux dispo- « sitions du jugement visé en l'art. 3 « de la présente loi. La société sera « dissoute de plein droit.

« Sera puni *d'un mois à six mois de « prison et d'une amende de 50 à 500'* « tout individu qui aura sciemment « accordé ou consenti l'usage de sa

</td><td>

ARTICLE 7. — « Seront punis d'une « amende *de 16 à 5.000' et d'un empri- « sonnement de six jours à un an* les « fondateurs, directeurs ou adminis- « trateurs de l'association qui se « serait maintenue ou reconstituée « après le jugement de dissolution.

« Seront punies *de la même peine* « toutes les personnes qui auront fa- « vorisé la réunion des membres de « l'association dissoute, ou l'accom- « plissement du but qu'elle se propo- « sait. Dans le même cas, les immeu- « bles affectés à son usage seront « présumés appartenir aux membres « de l'association.

« L'article 463 du Code pénal est « applicable aux peines édictées par « le présent article.

</td></tr>
</table>

« maison, de son appartement en tout
« ou en partie, pour la réunion des
« membres d'une association dont la
« dissolution aura été précédemment
« prononcée.

ARTICLE 21. — « Toute association
« entre Français et étrangers, toute
« Congrégation formée sans l'autori-
« sation prévue par l'art. 18 de la pré-
« sente loi sera réputée illicite.

« Ceux qui en auront fait partie ou
« qui s'y seront affiliés seront punis
« des peines édictées à l'art. 5.

« *La peine applicable aux fonda-*
« *teurs, directeurs ou administrateurs,*
« *sera portée au double.*

ARTICLE 22. — « *Seront punis d'un*
« *mois à six mois de prison et d'une*
« *amende de 500 à 2.000'* ceux qui au-
« ront prêté sciemment ou loué un
« local pour une ou plusieurs réu-
« nions d'une partie ou d'une section
« quelconque des associations sus-
« mentionnés, le tout sans préjudice
« des peines plus graves applicables,
« en conformité du Code pénal, aux
« crimes ou délits de toute nature
« dont auront pu se rendre coupables
« soit comme auteurs principaux, soit
« comme complices, les prévenus dont
« il est fait mention dans la présente
« loi.

ARTICLE 25. — « L'art. 163 du Code
« pénal pourra être appliqué quant
« aux peines de la prison et de l'a-
« mende prononcées par la présente
« loi. »

ARTICLE 13. — « Ne peuvent se for-
« mer sans autorisation préalable par
« décret rendu en Conseil d'État :

« Les associations entre Français
« et étrangers.

« Les associations entre Français
« dont le siège ou la direction seraient
« fixés à l'étranger ou confiés à des
« étrangers.

ARTICLE 14. — « Toute association
« rentrant dans les prévisions de l'ar-
« ticle 13 formée sans l'autorisation
« du Gouvernement sera réputée illi-
« cite.

« Ceux qui en auront fait partie ou
« qui s'y seront affiliés seront punis
« des peines édictées en l'article 7.

« *La peine applicable aux fonda-*
« *teurs ou administrateurs sera portée*
« *au double.* »

— 8 —

M. Hauriou professeur à la Faculté de Droit de l'Université de Toulouse, dans son remarquable *Précis de Droit administratif*, appréciait dans les termes suivants le projet de 1895, beaucoup moins dur, cependant pour les Congrégations que celui de 1899 :

« ...... Ainsi des exigences que ne pourront pas accepter les Congrégations, « et, comme sanction, la confiscation des biens et des violences contre les « personnes, voilà le régime qu'on propose, sans oublier d'autre part les « mesures fiscales.

« On veut incontestablement tuer la vie religieuse en commun. Mais cela, « il n'y a qu'une minorité infime qui le veuille. Pour la grande majorité, les « Congrégations ne constituent qu'un péril vague et n'inspirent point tant de « haine. C'est en vue de cette majorité du corps électoral qu'il convient de « localiser la question des Congrégations dans celles de la main-morte, de « faire voir que là seulement, il y a un problème qui intéresse l'État et auquel « il faut trouver une solution sérieuse » (¹).

Écrites en 1897 et à propos du projet de 1895, ces lignes sont bien plus vraies encore à propos du projet de 1899, qui, lui, tue directement et immédiatement la vie religieuse en commun, sauf pour les Congrégations déjà reconnues ou autorisées.

Au point de vue pécuniaire, le sort des biens appartenant à l'association dissoute est réglé d'une façon à peu près analogue à celle du projet de 1883 :

PROJET DU 23 OCTOBRE 1883	PROJET DU 14 NOVEMBRE 1899
Article 12. — « La liquidation « des valeurs de la Communauté...... « est faite conformément aux prescrip- « tions de l'article ci-après. Article 13. — « Dans le cas de nul- « lité prévu à l'article qui précède, les « valeurs appartenant aux membres	Article 9. — « Si la convention est « annulée par application de l'article 2 « de la présente loi la liquidation aura « lieu conformément aux règles ci- « après. « Les valeurs appartenant aux mem- « bres de l'association avant sa for-

(¹) *Précis de Droit administratif,* p. 134.

« de l'association avant sa formation « ou qui leur seraient échues depuis, « mais par succession seulement, leur « seront restituées.

« Les valeurs acquises à titre gra- « tuit pourront être revendiquées par « le donateur et ses ayants droit et « par les héritiers ou ayants droit du « testateur, pendant le délai de dix « mois à dater du jugement.

« Les valeurs acquises à titre oné- « reux pourront être reprises moyen- « nant le remboursement du prix en « capital par le précédent propriétaire « ou par un ayant droit dans le délai « de six mois.

« Passé ce délai, la propriété en « sera acquise à l'État. Il en sera de « même de l'actif, défalcation faite « des valeurs ci-dessus.

« mation, ou qui leur seraient échues « depuis, mais par la succession seu- « lement, leur seront restituées.

« Les valeurs acquises à titre gra- « tuit pourront être revendiquées par « le donateur, le testateur ou leurs « héritiers ou ayants droit, pendant « le délai d'un an à partir du juge- « ment de dissolution. Passé ce délai, « la propriété en sera acquise à l'État. « Il en sera de même de l'actif. »

Pour apprécier le caractère de ce procédé de « liquidation » nous ne pouvons mieux faire que de reproduire l'appréciation qui a été donnée de l'art. 13 du projet de 1883 par un des jurisconsultes les plus éminents de la Belgique, aujourd'hui Ministre de la Justice :

« Dans tous les cas, écrit M. Van den Heuvel, le principe des articles 12 et 13 « n'est pas une disposition de liquidation, comme l'appelle complaisamment « le projet, mais une mesure de confiscation. Il faut lire l'art. 13 ainsi qu'on « lit l'écriture hébraïque, en commençant par la fin. La règle qu'il édicte de- « vrait logiquement être formulée de la manière suivante : Tout l'actif de la « Communauté passe à l'État, sauf un certain nombre de restitutions.

« Et quelles seront ces restitutions ? L'État s'engage d'abord à restituer « aux membres les valeurs qui leur appartenaient avant la formation de l'as- « sociation ou qui lui sont échues depuis à titre de succession. Mais tout

« revendiquant doit prouver la légitimité de ses réclamations : c'est donc
« aux associés qu'imcombera l'obligation, parfois très délicate, d'établir leur
« droit de propriété. Le projet oublie de dire ce que l'on fera des biens reve-
« nant à des sociétaires décédés antérieurement à la prétendue liquidation.

« L'état restituera encore aux donateurs, ou aux testateurs, les valeurs
« qu'ils auront données, et aux contractants à titre onéreux, moyennant rem-
« boursement du prix, les valeurs qu'ils auront aliénées. Mais il n'opèrera
« ces restitutions que sur une réclamation produite dans le court espace de
« six mois. N'est-ce point là dépouiller les associés de propriétés qui leur
« reviennent légitimement, soit par suite d'actes à titre gratuit, soit par
« suite d'actes à titre onéreux ?

« Observons enfin que l'État prend aux sociétaires, ceci à coup sûr et sans
« être obligé à aucune restitution, le montant de leurs revenus et des écono-
« nomies annuelles de la Communauté. Jamais, il faut l'avouer, l'État ne
« bénéficiera autant d'une liquidation. Les Empereurs romains, eux-mêmes,
« n'ont jamais poussé la rigueur au point où la pousse ce projet » (1).

Il convient d'ajouter que l'une des restitutions que l'État devait faire d'a-
près le projet de 1883 est supprimée dans le projet de 1899. C'est la restitution des biens acquis à titre onéreux par l'association dissoute. Le projet
de 1883 obligeait l'État à les restituer, moyennant le remboursement du prix
payé : le projet de 1899 n'en parle plus, d'où il suit que la « liquidation » en
attribue définitivement la propriété à l'État.

Si l'art. 2 n'était pas voté, mais que l'art. 13 le fût, voici quel serait le sort
des associations religieuses. D'après le texte de cet article, ne peuvent se
former sans autorisation préalable par décret rendu en Conseil d'État « les
« associations entre Français et étrangers, ni les associations entre Fran-
« çais dont le siège ou la direction seraient fixés à l'étranger ou confiés à des
« étrangers. »

« Le bon ordre et la sécurité nationale sont ici directement engagés, dit
« l'Exposé des motifs, et une disposition particulière nous a paru de toute
« nécessité. »

Si une ou plusieurs associations pouvaient obtenir cette autorisation, le
décret qui la leur accorderait pourrait toujours être révoqué : et il est inutile

---

(1) « Collegia si quae fuerint illicita, Mandatis et Constitutionibus et senatus consultis dissolvantur. Sed permittitur iis quum dissolvuntur, *pecunias communes, si quae habent, dividere pecuniamque inter se partiri.* » (L. 2, Princ., D., De Colleg. et Corp., XLVII, 22.)

d'insister pour démontrer combien cette vie précaire, à la merci de la durée d'un Ministère ou même du résultat d'une interpellation, est incompatible avec la fondation d'un Institut religieux.

De plus, en dehors même de ce péril, les entraves apportées à la vie de l'association qui serait autorisée rendent son existence bien difficile. Elle ne peut rien posséder en propre, pas même comme les syndicats professionnels, d'après la loi du 21 mars 1884, les immeubles nécessaires au but de son existence. L'art. 8 s'exprime ainsi :

« Une association non reconnue ne peut, en aucun cas et sous aucune « forme, constituer une personne morale, distincte de la personne de ses « membres. Tous les biens qu'elle possède sont la propriété indivise des « sociétaires et le gage commun des créanciers. »

La liberté des conventions, qui permet aujourd'hui, par la stipulation d'une clause de réversibilité, d'éviter le partage des biens à la mort de l'un des membres de l'association est supprimée :

« Toute clause de réversibilité, dit l'article 15 du projet, et tout pacte, ayant « pour effet de perpétuer la propriété des biens de l'association en en opérant « la dévolution au profit d'une ou plusieurs personnes, est illicite.

« Elle donne lieu à l'action en dissolution, telle qu'elle est prévue et réglée « par la présente loi, et à la liquidation, conformément à l'article 9. »

Aucune association ne peut échapper à ces mesures qui lui enlèvent toute vie qu'en obtenant « le privilège de la personnalité civile par décret rendu « en la forme de règlement d'administration publique. »

En résumé, si l'article 2 est voté, suppression complète et immédiate de toutes les associations religieuses sans distinction, sauf celles autorisées ou reconnues avant la loi; et s'il est repoussé, mais le reste de la loi voté, vie précaire, incertaine et, disons-le, impossible en fait pour l'Institution monastique qui ne peut être créée pour la durée d'une génération, et pendant cette durée, sous la menace permanente d'un retrait d'autorisation : tel serait le résultat du projet du 14 novembre 1899, s'il devenait une loi.

Jamais projet aussi dur pour les Congrégations religieuses en France n'a émané de l'initiative gouvernementale.

Si ce projet devenait une loi, jamais, sauf en 1792, les Congrégations religieuses de France n'auraient été aussi profondément atteintes.

La gravité exceptionnelle de ce projet est encore accentuée en ce qu'il se relie à un autre projet déposé le même jour, sur l'enseignement secondaire, et dont l'article 3 est ainsi conçu :

« Si les *directeurs* de pensionnats libres qui voudraient faire accomplir par
« leurs élèves le stage scolaire, *où les personnes qui sont employées dans ces*
« *pensionnats,* appartiennent à une association, *ils devront justifier que cette*
« *association a été instituée conformément aux lois qui régissent la matière.* »

II

Cette suppression directe ou indirecte des Ordres religieux est en complet
désaccord avec tous les principes du droit public, qui réclament impérieusement la liberté d'association, sous la seule réserve de la prohibition des
associations dont le but est illicite.

La faculté pour l'homme de s'associer à ses semblables est essentiellement
de droit naturel; elle n'émane pas du législateur et celui-ci peut seulement
en prévenir les abus, dans l'intérêt public dont il a la garde; mais tant que
le but de l'association est honnête, que son développement ne peut nuire à
la sécurité de l'État, la loi n'a pas à intervenir pour la permettre : encore
moins lui est-il permis de la défendre. L'homme puise dans sa liberté le
droit de s'associer, et les liens qu'il forme ainsi sont le produit de son activité indépendante, qu'il n'appartient pas au législateur d'asservir, à peine de
tyrannie. Le droit de l'État n'apparaît que si, par cet usage de leur liberté,
les associés portent entrave à la liberté d'autrui, ou compromettent les institutions de l'État dans le territoire duquel ils vivent.

Cela est vrai d'abord du droit de réunion : se grouper pour échanger des
idées, pour les éclairer et les corriger par la contradiction, pour les fortifier
par l'adhésion qu'elles rencontrent, voilà l'apanage intangible de l'homme
libre. Le législateur n'a pas à permettre aux hommes de se réunir; il ne peut
intervenir pour réglementer ou pour prohiber; là, comme dans toutes les
manifestations de la liberté individuelle, son droit ne commence qu'à partir
du moment où l'exercice de cette liberté est nuisible à celle d'autrui, ou
inquiétante pour la sûreté de la collectivité. De même que le législateur n'a
pas d'action dans le domaine de la pensée, de même il n'en a pas dans le
domaine de l'échange des idées, sous la réserve des intérêts publics et
privés qu'il a mission de sauvegarder. Quels progrès pourrait réaliser un

peuple dont les citoyens n'auraient pas le droit de se réunir pour étudier les problèmes de la vie !

Cela est vrai des associations fondées dans un but lucratif. Lorsque l'homme voit que, dans son isolement, il ne peut défricher la terre, cultiver le sol, réaliser de grandes entreprises commerciales ou industrielles, il se groupe avec ses semblables, il s'unit avec eux pour lutter contre les obstacles que la nature ou les événements apportent à ses efforts. N'est-il pas évident qu'il n'a besoin pour cela d'aucune autorisation, pas plus qu'il n'en a besoin pour travailler ou pour se reposer ?

Cela est vrai enfin de toutes les associations créées dans un but non lucratif : associations littéraires, scientifiques, charitables, religieuses. Tandis que beaucoup de personnes, usant de la liberté qui leur appartient, dépensent follement leurs jours dans une vie inutile à elles-mêmes et aux autres, sans que l'État puisse intervenir pour leur imprimer une direction meilleure, d'autres, ayant de la vie et des devoirs qu'elle impose à l'homme une conception plus élevée, s'assemblent pour travailler en commun au développement des lettres ou des sciences, pour exercer en commun les œuvres de charité, pour prier Dieu : de quel droit l'État interviendrait-il dans ces manifestations, si louables en elles-mêmes, de la liberté humaine ?

Aussi tous les penseurs, jurisconsultes, philosophes, hommes politiques, ont-ils proclamé à l'envi que la liberté d'association est de droit naturel et qu'elle ne comporte l'intervention de la loi positive que pour en prévenir les abus :

« Si on conteste à des personnes que rapprochent des idées et des aspi-
« rations communes, écrivait un professeur très distingué de la Faculté de
« Droit de Paris, M. Beudant, l'usage qu'elles font de leur vie, que devient la
« liberté individuelle ? Si on conteste à des citoyens l'usage qu'ils font de
« leurs biens en les affectant au service de telle œuvre ou entreprise qu'il
« leur plaît, que devient la liberté de la propriété ? » [1].

Un magistrat éminent, qui occupe une des situations les plus élevées de la magistrature française, et auquel son intelligence et la noblesse de ses idées ont donné une situation non moins grande parmi les jurisconsultes et les penseurs de la seconde moitié du XIXe siècle, a écrit les lignes suivantes dans son beau livre *De la Liberté politique dans l'État moderne* :

[1] *Note*, DALLOZ, 1879, II, p. 282.

« On cherche en vain pourquoi les hommes ne pourraient pas faire collecti-
« vement ce qu'ils peuvent faire isolément. Il faudrait, qu'on le remarque,
« avant de leur donner une lisière, prouver qu'ils sont incapables de marcher.
« On ne peut présumer ni leur indignité, ni leur impuissance.

« L'association répugne-t-elle à leur nature ? Il suffit, pour résoudre cette
« question, de les voir à l'œuvre. *Non est singulare nec solivagum genus* (1).
« L'association est légitime, parce qu'elle correspond à l'instinct universel
« de l'humanité. Nous avons sans doute de bons comme de mauvais instincts.
« Mais celui-ci n'a rien en soi de condamnable. Quand un orateur politique
« disait à l'une de nos Assemblées nationales : Le droit d'association me
« paraît aussi indispensable à l'homme, considéré comme être moral, que le
« droit d'aller et de venir est indispensable à l'homme considéré comme être
« physique (2), il ne se trompait pas.

Et M. Desjardins ajoute :

« ...... Dans l'ordre intellectuel et moral, l'association a civilisé le globe,
« porté jusqu'aux extrémités du monde l'Évangile, c'est à dire le code même
« de la justice et de la charité, combattu l'esclavage, adouci les maux de la
« guerre, soulagé toutes les infortunes, et pansé toutes les plaies de l'huma-
« nité.

« ...... L'État ne peut pas se substituer à toutes ces associations qui pour-
« suivent un but lucratif, sociétés civiles, en nom collectif, en commandite,
« anonymes, en participation, moins encore peut-être à ces innombrables
« associations religieuses, littéraires, scientifiques, artistiques, charitables,
« qui couvrent aujourd'hui le territoire de tous les pays civilisés. Qu'il ne
« s'effarouche donc pas de les voir naître et grandir à ses côtés : elles ne
« l'amoindrissent pas. En principe, il ne doit pas plus leur disputer le droit
« de vivre, qu'elles ne lui disputent celui de gouverner! » (3).

M. Lyon-Caen, l'éminent professeur de la Faculté de Paris, écrit de son
côté :

« Dans un système rationnel et digne d'un peuple libre, toutes les asso-
« ciations ayant un but licite devraient jouir de la personnalité en remplis-
« sant les formalités de publicité écrites pour les sociétés. Cela n'empêche-
« rait pas, bien entendu, de restreindre leur capacité d'acquérir à titre gra-

(1) CICÉRON., *De Republic.*, I, 25.
(2) M. O. d'HAUSSONVILLE, le 14 mai 1872.
(3) *De la Liberté politique dans l'État moderne*, p. 148, 149 et 151.

« tuit, spécialement des immeubles, pour éviter les abus et les inconvénients
« de la main-morte » (1).

« Après la liberté d'agir seul, dit M. de Tocqueville, la plus naturelle à
« l'homme est celle de combiner ses efforts avec les efforts de ses sem-
« blables et d'agir en commun. »

M. Bertauld, dans son *Rapport à l'Assemblée nationale*, au nom de la commission chargée d'examiner la proposition de MM. Tolain, Lockroy et autres,
tendant à abroger les articles 291 et 294 du Code pénal, exprime les mêmes
idées :

« On reconnait qu'une faculté dont l'exercice est soumis à l'agrément de
« l'administration manque de liberté et ne vit que d'une vie très précaire.
« L'octroi ou le refus d'autorisation n'est pas un acte de juridiction, soumis
« à des principes fixes. C'est une solution de convenance, variant avec les
« dispositions, les tendances de ceux auxquels elle est demandée.

« Comment la faculté de s'associer n'est-elle pas un droit naturel inviolable,
« tant qu'il est inoffensif vis-à-vis des droits d'autrui, et spécialement des
« droits de l'État? N'est-elle pas un besoin impérieux de tous les temps et
« de notre temps surtout? Et alors comment la faire dépendre du bon plaisir
« du Gouvernement? » (2).

Onze ans plus tard, M. Jules Simon, rapporteur au Sénat de la commission
chargée d'examiner le projet de M. Dufaure sur le droit d'association, développe les mêmes pensées dans un langage très ferme :

« ...... La liberté consiste pour chacun de nous à choisir, entre des opinions
« diverses, celle qui nous paraît la plus claire et la mieux démontrée, sans
« qu'aucun pouvoir humain puisse nous faire un crime de nos pensées, ou
« nous empêcher de les exprimer et d'y conformer notre conduite.

« ...... La société, qui ne peut rien sur la pensée, impose aux actes cer-
« taines limites, et, dans ces restrictions mêmes, ce qu'elle a uniquement en
« vue, c'est le développement de la liberté. Si ces restrictions ont pour but
« de faire prévaloir une opinion sur une autre, elles sont tyranniques, con-
« traires au droit, quand même cette opinion serait la bonne. Si au contraire
« elles ont pour but d'assurer au corps politique et à chaque citoyen la plus
« grande somme possible de liberté, elles sont la déclaration du droit, et par
« conséquence la justice. Ainsi la société ne peut rien sur une pensée, et son

(1) *Note*, Sirey, 1895, 1. 66.
(2) *Assemblée nationale*, Session de 1871. Annexe au procès-verbal de la Séance du 14 décembre 1871, p. 13.

« autorité sur mes actes ne commence qu'au moment où ils restreignent la
« liberté d'autrui » (1).

Les écrivains les plus hostiles aux Ordres religieux arrivent à la même
conclusion, qui, nous croyons pouvoir l'affirmer, s'impose à tout esprit libéral. M. Pascal Duprat, écrivant à propos de la suppression de la main-morte
en Italie, s'exprime ainsi :

« ...... Il y a cependant ici une question à résoudre. L'homme ne pouvant
« se développer dans toutes les portions de son être que par l'association,
« l'association est légitime, pourvu que le but qu'elle poursuit n'ait rien de
« contraire à l'intérêt général » (2).

M. Minghetti, l'ami et le collaborateur de Cavour, peu favorable, certes, à
la liberté d'association, proclame cependant très nettement qu'elle est de
droit naturel :

« ...... S'il est vrai que l'être collectif est un produit naturel des tendances
« de l'homme, conforme à ses fins et nécessaire à son développement, on
« pourra bien dire que la loi le reconnaît, le protège, le règle, le limite, mais
« non qu'elle le crée » (3).

Négligeant tous ces enseignements, le projet du 14 novembre 1899 en est
resté à la théorie surannée de la fiction des personnes morales, création de
l'État qui est libre de leur donner ou de leur refuser la vie, et, s'il la leur
donne, de mesurer comme bon lui semble l'étendue des facultés qu'il va leur
concéder. Il y a plus, cette théorie de la fiction légale devient un texte de loi,
car l'article 10 du projet s'exprime ainsi :

« La personnalité civile est *la fiction légale* en vertu de laquelle une asso-
« ciation est considérée comme constituant une personne morale distincte de
« la personne de ses membres, qui leur survit et en qui réside la propriété
« des biens de l'association. »

Cette théorie soutenue par M. de Savigny, reprise dans notre siècle par
MM. Laurent et Ortz, est aujourd'hui généralement abandonnée par la
science juridique en France comme à l'étranger.

Il ne peut entrer dans le plan de cette Consultation d'examiner, même
sommairement, les divers systèmes que les jurisconsultes français et étrangers ont proposés pour mettre le droit en harmonie avec les faits, pour mon-

(1) *Sénat*, Session de 1882, Annexe au procès-verbal de la séance du 27 juin 1882, p. 20.
(2) *Journal des Économistes*, 1855, T. LXV, p. 172.
(3) *L'Église et l'État*, (Traduction Bouquet, Paris, 1882.)

trer que les associations existent sans aucune intervention de l'État. A leur tête se place le système développé avec éclat par M. Van den Heuvel et repris en France notamment par M. de Vareilles-Sommières, le système qui voit dans les individus qui composent une association les véritables sujets des droits que l'on dit appartenir à celle-ci.

Mais, quelle que soit la théorie que l'on adopte, on arrive toujours à cette conséquence que des associations sont une réalité juridique, et qu'elles n'ont besoin de l'intervention de l'État ni pour exister ni pour être propriétaires.

« La prétention qu'a l'État, dans la plupart des pays modernes, écrit M. Hau-
« riou, de dispenser à son gré la personnalité civile aux corps et communau-
« tés et que nos législateurs parlementaires trouvent naturelle, est tout
« simplement exorbitante; elle est du même ordre que la théorie de l'escla-
« vage antique; l'esclave était un être auquel arbitrairement on ne reconnais-
« sait pas la personnalité; une association est aussi bien un être, et si on lui
« refuse la personnalité civile, on en fait un esclave (¹). La théorie des légistes
« s'explique par une erreur; ils croient que la personnalité juridique des éta-
« blissements n'a aucun substratum réel, qu'elle est purement fictive; dès lors,
« il faut qu'elle soit créée par quelqu'un, et pourquoi ne serait-ce pas par l'État?
« Mais nous avons montré plus haut qu'il y a un substratum réel, une per-
« sonnalité morale de fait que l'État ne crée pas; dès lors la personnalité
« juridique suit de plein droit, l'État peut la reconnaître, la constater officiel-
« lement, il ne la crée pas plus qu'il ne crée celle des individus vivants.
« L'État, vis-à-vis des corps ou communautés, comme vis-à-vis des indi-
« vidus, ne doit être qu'un officier de l'État civil; dans l'intérêt de l'ordre
« social, il enregistre la naissance des établissements, il veille à ce qu'ils ne
« changent pas de noms clandestinement, il enregistre leur dissolution; là se
« borne son rôle; ajoutons que si des infractions sont commises, il peut sévir,
« et que la perte de la personnalité juridique peut être le résultat de con-
« damnations » (²).

(1) « Cette théorie aboutit, aux époques de Kulturkampf, à des conséquences déplorables. C'est ainsi que le Conseil
« d'État s'est opposé à la fondation de succursales d'une Congrégation enseignante (d'ailleurs autorisée) parce que,
« si la loi du 15 mars 1850 autorise les Congrégations religieuses à fonder ou à entretenir des écoles libres, le Gouver-
« nement ne saurait, en présence du principe de la neutralité de l'enseignement primaire proclamé par notre législa-
« tion, accorder le privilège de la personnalité civile à des établissements qui donnent un enseignement confessionnel.
« (Avis du Conseil d'État du 10 juin 1884, cité par M. Tissier, *Dons et Legs*, n° 216.) Il n'y a que les Congrégations
« charitables qui, à l'époque actuelle, soient admises à fonder des maisons séparées. — Ainsi la reconnaissance de la
« personnalité juridique est devenue aux mains de l'État une arme de guerre. »
(2. *Précis de Droit administratif* p. 125-126.

M. Michoud, professeur à la Faculté de Droit de l'Université de Grenoble, dans un récent article sur *La Notion de personnalité morale*, s'exprime ainsi :

« ...... Comment voir en la personnalité morale une fiction du législateur ? « Ce n'est pas la loi qui a créé l'État, ce n'est pas elle qui lui a conféré les « droits éminents qui lui appartiennent, par conséquent sa personnalité. Celle-« ci est une conséquence même de l'État ; que les juristes en aient ou non « conscience, au moment de sa formation, elle nait avec lui. La loi la suppose « préexistante et ne fait que la réglementer ou la limiter. Ce qui est vrai de « l'État est vrai des autres groupes humains auxquels appartient la person-« nalité ; plusieurs de ces groupements sont historiquement antérieurs à « l'État, et la plupart ont une formation analogue à la sienne. Ils se sont « constitués soit par la force même des choses, soit par la volonté de leurs « membres. La loi n'est intervenue que pour réglementer (dans certains cas) « les rapports juridiques qui leur donnent naissance, et ensuite les rapports « juridiques du groupe une fois constitué. Elle les prend, comme elle prend « tous les rapports humains, tels que les lui présente la réalité, et elle se borne « à leur donner la formule légale la mieux appropriée à leur destination...... « Si le législateur considère le groupement comme licite, sa tâche doit être « de donner aux rapports créés par lui la formule qui exprime le plus exacte-« ment leur réalité intrinsèque. Or, la loi est infidèle à sa mission lorsqu'elle « se refuse arbitrairement ou uniquement parce qu'elle n'a pas de sympathie « pour l'objet, du reste licite, que se proposent les associés, à considérer « comme un sujet de droit, le groupement qui, dans la pensée de ses membres, « a son avoir propre et des intérêts distincts des intérêts individuels. Cette « manière d'envisager l'association ne constitue point une fiction. Ce qui est « fictif, au contraire, ce qui est arbitraire et artificiel, c'est de déclarer que les « parties restent copropriétaires de l'avoir social alors qu'elles ne veulent pas « l'être » (¹).

Voilà, croyons-nous, la notion vraie, la notion scientifique, la notion accré-ditée aujourd'hui parmi les jurisconsultes français comme parmi les juris-consultes étrangers : ce n'est pas l'État qui donne la personnalité aux asso-ciations, elles la tiennent d'elles-mêmes, de leur existence de fait ; l'État n'a sur elles qu'un droit de contrôle, pour s'assurer que leur but est licite. Nous irons même jusqu'à lui reconnaitre, en ce qui nous concerne et comme nous le

1) *Revue du Droit Public*, 1899, p. 15 et suiv.

dirons bientôt, un droit de limitation relativement à leur fortune territoriale, pour empêcher que leur développement ne nuise à la vie de l'État. Mais si la loi va plus loin, elle est « arbitraire et infidèle à sa mission »; elle a ce caractère, si elle veut s'immiscer dans la vie et le fonctionnement des associations; à plus forte raison si elle prétend les empêcher d'être propriétaires, comme le projet du 14 novembre 1899, ou plus encore, si elle veut les empêcher de naître, leur enlever le droit à l'existence, comme ce projet à l'égard des associations religieuses.

Toute association doit pouvoir vivre sans autorisation préalable, à la seule condition de rendre publics ses statuts et le nom des membres qui la composent. Nous admettons que l'État a droit à cette publicité, bien que ce point soit très discuté; mais, à notre avis, l'État a le droit de rechercher quel est le but que toute association poursuit; si l'association pouvait se fonder sans publicité, et que son but fût illicite, il aurait le droit d'en provoquer la dissolution; mieux vaut prévenir que réprimer. Mais là s'arrête son droit, et une fois le caractère licite de l'association constaté, il n'a aucune autorisation à donner, pas plus pour permettre aux hommes de s'associer que pour leur permettre de vivre isolés, ou de se marier, ou de demeurer célibataires.

Mais, il ne suffit pas à l'association d'avoir le droit d'exister, il faut encore qu'elle ait des moyens matériels d'existence. M. Desjardins l'a dit en termes excellents :

« Il n'y a pas au monde, suivant la remarque de Minghetti, un but qu'on « puisse atteindre, fût-il le plus idéal, le plus abstrait, sans quelque moyen « matériel. Dès que l'association à le droit de se fonder, elle a le droit de « vivre, par conséquent de se procurer, sans nuire à autrui, tout ce qui est « nécessaire à sa conservation et à son développement » (1).

Si cette nécessité s'impose dans toute association, elle s'imposera avec plus de force encore pour les associations où l'on se propose de vivre en commun : pour elles, plus encore, il est nécessaire qu'elles aient des moyens matériels d'existence, que la vie du lendemain leur soit assurée.

Mais ici, on rencontre une objection, la crainte de la main-morte :

« Ce qui effraye, dit l'*Exposé des motifs* du projet du 14 novembre 1899, c'est « la perpétuité d'une association survivant à ses membres, distincte de tous « et de chacun, possédant pour le compte d'un être de raison, et arrivant par

---

(1) *De la Liberté politique dans l'État moderne*, p. 161. — **Adde :** PASCAL DUPRAT, *De la Suppression de la main morte en Italie*, *Journal des Économistes*, 1855, p. 472. — CLAMAGERAN, *Journal des Économistes*, 1861, p. 501.

« la **pérennité** de son institution, à constituer une main-morte, à soustraire
« ses biens à cette loi économique fondamentale, essentielle : le partage, la
« circulation. »

Il faut réduire cette objection à ses limites vraies, et surtout ne pas arriver,
sous prétexte que la main-morte peut nuire à l'État par son excès, à supprimer le droit pour les associations d'être propriétaires, c'est-à-dire à leur
enlever en fait le droit à l'existence qu'on leur aurait reconnu en théorie. Il y
a dans ce problème législatif, de la réglementation des associations dans
l'État, deux droits également respectables, le droit de l'État et le droit des
citoyens, qu'il faut concilier, mais dont l'un ne peut absorber l'autre.

En fait, les inconvénients de la main-morte nous paraissent peu redoutables à notre époque, surtout pour les associations religieuses pour lesquelles
on s'en préoccupe si vivement ; et le temps n'est pas à l'absorption de la fortune publique par les Communautés, qui, pour la plupart, n'ont aujourd'hui
que des ressources bien limitées, parfois même insuffisantes, spécialement
dans les Ordres contemplatifs.

Mais, nous reconnaissons, en ce qui nous concerne, que le législateur peut
tenir compte de cette préoccupation pour les seuls biens pour lesquels elle
puisse exister, les immeubles, et M. Hauriou nous semble avoir donné la
mesure vraie de ce que la loi peut faire dans les lignes suivantes :

« Nous posons en thèse qu'une seule force dans les institutions corporati-
« ves serait dangereuse pour l'État ; ce serait celle que leur donneraient les
« grandes possessions territoriales. Ni le nombre des associés, ni la fortune
« mobilière des établissements ne constitue un danger sérieux, mais seule-
« ment l'assiette territoriale. Il y a à cela une raison profonde : c'est que l'État
« lui-même est essentiellement un pouvoir territorial. L'État agit sur les
« hommes, grâce au territoire et à leur groupement sur ce territoire ; c'est
« par là qu'il les tient, ses divisions administratives sont territoriales, ses
« lois de police sont territoriales, son mécanisme électoral est territorial ;
« dans sa souveraineté il y a certainement un droit éminent sur le territoire ;
« il ne faut donc pas qu'une partie importante du territoire soit soustraite à
« son pouvoir et encore moins qu'elle obéisse à un pouvoir hostile. On tolère
« que des étrangers possèdent une grande partie de la rente française, des
« valeurs industrielles françaises, on ne tolérerait pas que des étrangers
« possédassent des étendues de territoire français » (¹).

(3) *Précis de Droit administratif*, p. 129-130.

Il sera donné pleinement satisfaction à ces préoccupations en ne permettant aux associations de devenir propriétaires que des immeubles nécessaires pour fournir l'habitation de leurs membres et pour atteindre le but qu'elles poursuivent, but scientifique, littéraire, charitable ou pieux. Certes, une telle législation ne sera pas libérale, mais du moins toutes les préoccupations que l'on peut avoir au sujet de la main-morte disparaîtront, et l'État ne pourra se plaindre du danger que ferait courir à sa souveraineté l'influence territoriale d'associations trop puissantes.

Enfin, les associations sont encore en droit de réclamer, comme *minimum* des garanties sans lesquelles leur existence ne serait pas assurée, que leur dissolution ne soit prononcée, au cas d'illégalité prétendue, que par l'autorité judiciaire, point par l'autorité administrative. Celle-ci, mêlée à la vie militante, vivant au milieu des ardeurs et des combats de la politique, est naturellement portée à tenir pour illégaux les actes de ceux qu'elle considère comme lui étant hostiles : la justice au contraire, dans son œuvre plus calme et plus sereine, voit plus exactement et s'inspire des seuls principes du droit, sans se laisser influencer par des excitations qu'elle ne connaît pas et des ardeurs qui lui sont étrangères.

C'est ce qu'avait très bien compris la commission nommée par le Sénat en 1882, et son rapporteur, M. Jules Simon, s'en exprimait dans les termes suivants :

« À plusieurs reprises, il a été question dans la commission de dissolution
« prononcée par décret. Nous n'avons admis que la dissolution prononcée par
« les tribunaux, dans les cas où nous avons nous-mêmes proposé de leur
« donner le droit de dissoudre l'association, à la suite d'une condamnation à
« une autre peine. Ayant complètement détruit l'autorisation préalable, nous
« n'aurions pas cru avoir suffisamment affranchi le droit d'association, si
« nous avions armé le pouvoir politique ou administratif du droit redoutable
« de dissolution. Quelque précaution que nous eussions prise, nous n'aurions
« soustrait au pouvoir arbitraire la naissance de l'association que pour y sou-
« mettre son existence. Les cas que nous avons prévus pour ouvrir aux tri-
« bunaux la faculté de prononcer la dissolution donnent à l'État une sécurité
« complète, soit contre les agressions des associations, soit contre leurs
« accaparements » (1).

---

(1) Annexe au procès-verbal de la Séance du Sénat du 17 juin 1882, p. 38-39.

Telles sont les garanties que les associations sont en droit de demander au législateur : le droit de se former sans autorisation préalable, sous la seule condition de la publicité des statuts et des noms des membres; le droit d'acquérir à titre onéreux, de s'obliger et d'obliger les autres comme une personne physique, sous la restriction indiquée en ce qui concerne la propriété des immeubles; enfin, le droit de ne voir prononcer leur dissolution, le cas échéant, que par l'autorité judiciaire.

Au lieu de cela, voici la situation que leur fait le projet du 14 novembre 1899, pour le cas où l'article 2 du projet serait rejeté, et l'article 13 voté, et par suite certaines associations autorisées.

L'association formée par la seule volonté des parties et non reconnue par l'État ne peut rien posséder en propre : les biens qu'elle acquiert sont la copropriété indivise des associés, et devront par conséquent être partagés ou licités, à la mort de chacun d'eux.

L'association ne peut être reconnue et acquérir ainsi le droit de devenir propriétaire que par décret rendu en la forme de règlement d'administration publique, décret qui pourra toujours être rapporté par l'administration de laquelle il émane.

Un tel projet n'est pas un projet sur le droit d'association, mais la négation du droit d'association, qui n'est plus qu'un instrument aux mains de l'État omnipotent.

III

Cette liberté d'association, que nous revendiquons pour tous les citoyens qui poursuivent un but licite, ne peut pas être retirée aux seuls Ordres religieux : nous l'affirmons au nom des principes de tolérance qui sont l'honneur de notre époque, au nom des services que les Ordres religieux rendent à la société, au nom de la liberté de conscience et de la liberté du culte catholique en France, garanties par le Concordat.

Ces principes de tolérance que nous proclamons hautement, avec une conviction inébranlable, ont été affirmés à diverses reprises par les membres les plus distingués de nos assemblées politiques :

« Oui, libres-penseurs, disait M. Jules Simon dans son *Rapport au Sénat,* il « se formera des associations religieuses. Vous n'avez pas le droit de vous y

« opposer, si vous fondez l'État, la République, sur le droit, la liberté. Vous
« n'avez pas le droit de les craindre, si vous croyez à la puissance de la raison
« et à l'ascendant de la vérité. Avoir peur, c'est n'avoir pas foi......

« On comprend que le régime des associations puisse différer avec leur
« objet et leurs statuts, mais qu'il diffère à raison des doctrines, cela n'est
« plus ni compréhensible ni possible. Il n'y a pas, aux yeux de la loi, des
« catholiques, des protestants et des juifs, il n'y a pas non plus de libres-
« penseurs : il n'y a que des citoyens !

« Redouter pour ses écoles la concurrence, pour ses doctrines la discussion;
« en appeler contre ses adversaires à la force, leur ôter le moyen de lutter
« pour triompher ensuite aisément sans avoir même combattu, c'est un sys-
« tème de gouvernement qui a un nom dans l'histoire : il s'appelle le despo-
« tisme. Ouvrir à tous la barrière, faire à tous part égale de champs et de
« soleil, respecter la liberté de l'ennemi, le droit de l'ennemi, ne compter
« pour vaincre que sur la force de la vérité, c'est aussi un système connu,
« quoique moins souvent pratiqué. Il s'appelle la liberté, la philosophie,
« l'esprit moderne. C'est cet esprit qui nous a animés, quand nous avons
« voulu, sur les pas et sous la conduite de M. Dufaure, fonder la liberté d'as-
« sociation. Si vous acceptez cette proposition, il n'y aura plus de privilège
« en France, ni pour ni contre personne. Toutes les associations seront régies
« par la même loi.

« Il ne restera, dans cette loi, aucune trace de mesures préventives. Il suffi-
« ra à une association, pour exister, de l'avoir voulu. La sécurité de l'État
« sera garantie par la lumière dont toutes les associations seront inondées.
« On connaîtra leurs statuts, leurs membres, leurs chefs, leurs moyens d'ac-
« tion, leur fortune. Nous avons l'exemple de l'Angleterre, qui ne veut, contre
« les excès possibles de la liberté, qu'une publicité très étendue. Ou disons,
« pour parler plus correctement, que nous avons l'exemple de tous les peuples
« libres. Serons-nous toujours les premiers à réclamer la liberté et les der-
« niers à en faire usage ? » (¹).

« Nous ne voulons pas de privilège pour les Congrégations, écrivait M. Ber-
« tauld dans son *Rapport à l'Assemblée nationale* le 14 décembre 1871; nous
« n'en voulons pas contre elles. Nous essayons d'asseoir leurs libertés sur
« les libertés publiques. Accoutumons-nous à respecter la liberté en autrui

1) *Rapport précité*, p. 46-47.

« principalement parce que c'est le devoir, et aussi parce que c'est le moyen
« d'assurer notre propre liberté » (1).

C'est la liberté de conscience qui est en jeu dans la question de la liberté
des associations religieuses : il faut bien admettre, en effet, comme le disait
en termes élevés M. Guizot, « qu'une Église, quelle qu'elle soit, ne jouit pas
« de la liberté si elle ne peut pas se développer conformément à son esprit et
« à son histoire. »

Or l'esprit de l'Église catholique, c'est la faveur dont elle entoure l'Institut
monastique; son histoire est inséparablement liée à l'histoire de cet Institut,
qui rend tant de services à la propagation de la foi, à l'enseignement du dogme,
à l'évangélisation des peuples. Porter atteinte au développement des Ordres
religieux, c'est porter atteinte au développement de l'Église elle-même.

C'est bien ainsi que la question a toujours été comprise par ceux qui, pour
l'examiner, ont pu s'élever au-dessus des passions ou des préjugés d'un parti
ou d'une époque.

Notre illustre criminaliste Faustin Hélie a écrit les lignes suivantes, qui
placent sur son véritable terrain le grand problème que le projet de 1899 se
propose de résoudre :

« Si le droit de l'association politique est relatif et variable, celui de l'asso-
« ciation religieuse est *immuable et absolu* : là, la mesure de police peut aller
« dans certain cas jusqu'à la prohibition; ici, toute entrave serait la lésion
« d'un droit sacré » (2).

« Le propre des religions, dit M. Desjardins, c'est d'enseigner qu'il faut
« croire en Dieu, le prier et lui rendre un certain culte. Est-ce qu'un tel en-
« seignement peut abaisser l'âme d'un peuple, entraver le développement de
« sa vie morale ou de sa vie matérielle? On ne saurait l'admettre. Dès lors
« c'est restaurer le privilège que d'ôter à des citoyens le droit naturel de
« s'associer pour s'acquitter en commun de certains devoirs religieux » (3).

Si l'on veut savoir combien est intime et étroit le lien qui unit l'Église
catholique à ses Congrégations, interrogeons ceux qui en ont étudié l'histoire;
interrogeons surtout ses Prélats et ses Pontifes, et le doute ne sera plus permis : ce qui est dirigé contre elles est dirigé contre l'Église elle-même.

(1) *Loc. citat.*, p. 17.
(2) III, p. 373 et 386.
(3) *La Liberté politique*, p. 170.

Montalembert, dans son beau livre des *Moines d'Occident*, où il a étudié avec tant d'amour, de soin et de loyauté l'histoire et l'action des Ordres monastiques, s'exprime ainsi :

« Depuis la fin des persécutions romaines, la grandeur, la liberté et la pros-
« périté de l'Église ont toujours été proportionnées à la puissance, à la régu-
« larité et à la sainteté des Ordres religieux qu'elle renfermait dans son sein.
« On peut l'affirmer sans crainte, partout et toujours elle a été d'autant plus
« florissante que les Communautés religieuses ont été plus nombreuses, plus
« ferventes et plus libres » (¹).

Berryer, le grand orateur catholique, tient le même langage. Dans la Séance de la Chambre des Députés du 3 mai 1845, lors de l'interpellation de M. Thiers et de plusieurs de ses collègues sur la situation des Congrégations religieuses, voici ce qu'il affirme :

« Je dis que dans la religion catholique, la profession religieuse est une
« voie de perfection conseillée, recommandée aux catholiques ; la vie reli-
« gieuse et les vœux qui y enchaînent, sont une des libertés nécéssaires de la
« profession de cette religion, parce que c'est un des conseils qu'elle donne,
« et qu'on doit avoir la faculté de suivre. »

Dans le même discours, envisageant l'existence des Ordres monastiques au point de vue des besoins de l'Église, il disait :

« L'administration des diocèses, l'administration des paroisses, des cures,
« des vicariats absorbe les travaux du clergé. Croyez-vous que dans une
« société où l'Église catholique si nombreuse a été, je ne dirai pas réduite,
« mais mise dans la position où elle est, les hommes qui doivent, au nom de
« la religion, parler à tous, à la science, à l'intelligence, à ce qu'il y a de plus
« élevé dans la société, croyez-vous qu'avec les travaux ordinaires de leur
« ministère, la charge des ans, ils puissent se préparer à ces grands travaux
« de la prédication ? Ne comprenez-vous pas le besoin d'un long travail cha-
« que année pour préparer les instructions, les discours, les enseignements
« qui pendant quelques semaines appellent au pied des autels un si grand
« nombres de fidèles ?

« Croyez-vous qu'un homme, chargé du soin d'une paroisse, puisse ras-
« sembler tous les ans au pied de la chaire cette masse d'homme de tous les
« rangs de la société, pour expliquer aux esprits les plus éclairés du siècle,

« les rapports de la religion avec les devoirs de l'homme et les progrès de
« l'intelligence? Croyez-vous qu'il puisse le faire, s'il ne s'est pas livré dans
« la retraite à de profondes méditations ? » (¹).

Mais, pour rendre notre démonstration tout à fait convaincante sur ce
point, nous l'espérons du moins, nous allons demander non plus aux défen-
seurs laïques de l'Église, mais à ses Prélats et à ses Pontifes ce que les
Ordres monastiques sont pour l'Église, et quelle est l'étroite solidarité qui
les unit.

Nous pourrions multiplier les citations; nous nous bornerons aux trois
suivantes.

Lors de la discussion de la loi du 15 mars 1850 à l'Assemblée nationale
sur la liberté d'enseignement, voici les paroles que prononçait Mgr Parisis,
Évêque de Langres, et dont la gravité n'échappera à personne :

« L'Église catholique considèrera *comme fait contre elle-même* ce que l'on
« pourrait faire contre des hommes en qui elle reconnaît des enfants sou-
« mis, des prêtres pieux et zélés, des soldats courageux et fidèles. Pour nous,
« prêtres séculiers, qui voyons dans le clergé régulier de tout Ordre, Jésuites,
« Bénédictins, Dominicains, peu importe, des amis qui nous honorent et des
« frères qui nous assistent, *jamais nous ne consentirons à les livrer comme la*
« *rançon des avantages, quels qu'ils soient, que la loi pourrait nous promet-*
« *tre* » (²).

Le 17 juin de l'année 1847, S. S. Pie IX promulguait une Encyclique sur la
réforme des Ordres religieux. Voici ce que nous y lisons :

« ...... Les familles de religieux, établies par de saints personnages que
« l'Esprit divin inspirait, pour procurer la plus grande gloire de Dieu et le
« salut des âmes, et confirmées par ce Siège Apostolique, concourent, par la
« multiplicité de leur forme, à cette admirable variété qui répand un mer-
« veilleux éclat sur l'Église, et elles composent ces phalanges d'élite, ces
« colonnes auxiliaires de soldats de Jésus-Christ qui furent toujours pour
« la société chrétienne, un puissant secours, un ornement et un rempart.

« .... C'est pour cela qu'avec tant de justice et de raison les Pères et les
« Docteurs de l'Église ont fait les plus grands éloges de ces pieux observa-
« teurs de la profession évangélique, et en ont pris si vigoureusement la dé-

---

(1) *Discours parlementaires*, V, p. 548.
(2) *Moniteur* du 24 février 1850, p. 651.

« fense contre les ennemis qui accusent témérairement ces Instituts sacrés
« d'être nuisibles et funestes à la société. A leur tour, *les Pontifes Romains*
« *nos prédécesseurs, pleins d'une bienveillante affection pour ces Ordres de*
« *religieux n'ont jamais cessé de les couvrir de la protection de l'autorité apos-*
« *tolique, de les défendre et de les enrichir d'honneurs et d'amples privilèges,*
« sachant parfaitement quels grands biens et quels nombreux avantages la
« république chrétienne a de tous temps recueilli de ces mêmes Instituts. »

Enfin, S. S. Léon XIII, dans l'Encyclique *Immortale Dei*, du 1er novembre 1885, place la spoliation et la destruction des Ordres religieux parmi les
moyens employés dans certains États pour frapper au cœur les Institutions
chrétiennes, réduire à rien la liberté de l'Église catholique et à néant ses
autres droits :

« ...... *Spoliatio excidiumque Ordinum religiosorum..., huc spectant om-*
« *nia, incidere nervos Institutorum christianorum, Ecclesiæque catholicæ et*
« *libertatem in angustum deducere et jura cetera comminuere....* »

Nous pouvons donc affirmer avec fermeté que, dans la doctrine de l'Église
catholique, les associations religieuses ne peuvent être séparées de l'Église
pour laquelle elles sont « un puissant secours, un ornement et un rempart. »

S'il en est ainsi, le projet de loi du 14 novembre 1899, qui tend à l'expulsion
de tous les Ordres religieux, non reconnus ou non autorisés antérieurement
à la loi à intervenir, est fait en violation du Concordat, dont l'article 1er est
ainsi conçu :

« La religion catholique, apostolique et romaine sera *librement exercée en*
« *France...* »

Sera-t-elle librement exercée si on enlève les prédicateurs de ses chaires
les maîtres de ses collèges et de ses écoles, ses théologiens et ses historiens
des cellules où ils travaillent, ses apôtres des maisons où ils se préparent
à évangéliser les peuplades sauvages, ses religieuses du lit des malades
qu'elles soignent ou des cloîtres où elles prient ?

Non, un tel projet n'est pas compatible avec la liberté stipulée solennel-
lement en faveur de l'Église catholique.

Mais ce n'est pas seulement par des arguments de droit que nous entendons
combattre le projet du 14 novembre 1899. Nous voulons nous placer aussi sur
le terrain des faits, et en appeler à tous les esprits libéraux, catholiques ou
non, qui ont étudié l'action des Ordres religieux dans le passé ou qui les ont
vus à l'œuvre à notre époque, en France, dans nos colonies ou à l'étranger;
un pareil ostracisme, fût-il légal, serait repoussé par la conscience publique,

qui sait que ces religieux et ces religieuses sont pour notre patrie, dans le présent comme dans le passé, un secours, une force et un exemple.

Quel mal peuvent faire à l'État ou à la liberté d'autrui ces religieux qui prient, qui travaillent, qui enseignent, qui évangélisent, au prix des plus durs sacrifices, d'une abnégation incessante; qui, à l'époque barbare ont sauvé la civilisation; qui ont imprimé au monde moderne l'empreinte ineffaçable de leur foi, de leur vertu et de leur travaux :

« Quelle est, dit Montalembert, la ville qui n'ait été fondée ou enrichie, ou « protégée par quelque Communauté?.... Cette empreinte a été bien autre- « ment universelle et durable dans les lois, dans les arts, dans les mœurs, « dans notre ancienne société toute entière. Cette société, dans sa jeunesse, « a été partout vivifiée, dirigée, constituée par l'esprit monastique » (¹).

Quel mal peuvent faire à l'État ou à la liberté d'autrui ces religieuses qui abandonnent tout pour Dieu, pour les malheureux et les déshérités, pour soigner l'enfant, le vieillard, le malade, qui, comme le disait M. de Bonald, « renoncent à la famille d'où elles sont sorties et à celle où elles pourraient « entrer, pour se consacrer au service de la grande famille, devenir filles de « la société et mères de tous ses enfants, institutrices des uns, gardes malade « des autres, bienfaitrices de tous, sans rétribution, sans salaire, sans espoir « d'avancement ou de fortune, et qui vouent ainsi, par des motifs surhumains « jeunesse, beauté, fortune, naissance, à une retraite absolue, à une vie pau- « vre, à des devoirs austères, à l'oubli du monde et trop souvent à son ingra- « titude. »

Les siècles passent, les sociétés se transforment : l'Institut monastique est toujours là, prodiguant à la société laïque tous les services que peuvent ren- dre le dévoûment le plus ardent et l'abnégation la plus complète. Qui donc ignore que nos religieux et nos religieuses sont aujourd'hui les pionniers de la civilisation, et, en ce qui concerne la France, l'avant-garde de son drapeau partout où il va flotter, au Tonkin, au Dahomey, à Madagascar?

A peine Madagascar est-il conquis que l'un de ses premiers Gouverneurs, M. le Résident général Laroche, appelle les Trappistes pour l'aider dans son œuvre de colonisation :

« Ancien Préfet d'Alger, j'ai gardé le souvenir des vertus des religieux de « la Trappe, écrit-il à M. l'Abbé de la Trappe de Staouëli; j'ai vu de mes yeux

---

(1) *Les Moines d'Occident*, Introduction, p. VII-VIII.

« les exemples qu'ils donnent, leur travail, la sympathie que par leur hospi-
« talité, par leurs bienfaits ils savent s'attirer de la part de tous les gens qui
« ont été en contact avec eux.

« Chargé de la grande mission de fonder à Madagascar la colonisation
« française, je souhaite des alliés d'élite comme les Trappistes, pour conduire
« à bonne fin cette mission ... »

Qui donc ignore qu'en Orient, en Turquie, en Palestine, si notre influence a
survécu aux manœuvres employées par certaines puissances pour détruire
l'ancien prestige du nom français, il en faut rapporter une grande part
à l'action de nos religieux et de nos religieuses? Aussi nos ambassadeurs
considèrent-ils comme un devoir de leur témoigner la reconnaissance de la
France. C'est ainsi qu'on lisait dans le *Stamboul* du 23 mai 1899 :

« S. Exc. l'Ambassadeur de France, M. Constans, accompagné de M. le vi-
« comte Dejean, Secrétaire de l'Ambassade, s'est rendu hier dans la matinée
« à Koum Kapou et a visité dans tous leurs détails les écoles tenues par les
« Révérends Pères Augustins de l'Assomption et les religieuses Oblates de
« la même Congrégation.

« S. Exc. l'Ambassadeur, en quittant ces établissements, a manifesté aux
« religieux et aux Sœurs qui les dirigent avec tant de zèle et de dévouement
« toute son admiration, telle a été son expression, pour les résultats qu'ils
« ont obtenus chez les 300 enfants des deux sexes et de toute nationalité qui
« fréquentent ces écoles. »

Non, tant de services plusieurs fois séculaires ne peuvent être oubliés par
la France.

Mais dit-on, il y a dans la constitution des Ordres religieux quelque chose
d'absolument incompatible avec les principes de notre droit, un engagement
qui constituerait une « *servitude personnelle* », l'obéissance à un chef, le vœu
de ne rien posséder, le vœu de garder le célibat.

Nous répondrons d'abord qu'il est étrange que les législateurs aient attendu presque un siècle pour s'en apercevoir : notre législation sur les servitu-
des personnelles n'a pas changé, que nous sachions, depuis 1804, et elles
étaient prohibées lors de la promulgation du Code civil comme elles le sont
maintenant : comment donc se fait-il que de tous les Gouvernements qui se
sont succédé, de tous les législateurs qui ont touché à tant de parties de nos
lois, personne n'ait mis bon ordre à ce vice radical de l'Institut monastique?

Mais il y a mieux, et nous en appelons du projet de 1899 à celui de 1883 : l'exposé des motifs est le même dans ces deux projets, nous l'avons indiqué ;

l'idée de servitude personnelle est signalée dans l'un comme dans l'autre. Mais le projet de 1883 n'en conclut nullement à la suppression des Ordres monastiques, mais seulement à la nécessité d'une « *autorisation préalable.* »

N'avons-nous pas le droit de dire que cette servitude personnelle ne doit pas être bien rigoureusement constatée, pour que l'État puisse autoriser et sanctionner de tels engagements en autorisant la Congrégation dans laquelle ils sont pris ?

M. Jules Simon (¹) et M. Desjardins (²) ont éloquemment réfuté cette théorie qui confond étrangement « le domaine de la conscience et l'empire de la loi », suivant l'heureuse expression de M. Desjardins. L'homme ne serait pas libre s'il ne pouvait prendre des engagements envers Dieu, s'il ne pouvait choisir entre le célibat et le mariage, s'il n'avait pas le droit de confier à un autre la direction de sa conduite.

Il est à remarquer d'ailleurs, en ce qui concerne ce dernier engagement, le plus vivement critiqué, qu'il est une conséquence du droit que l'on ne peut contester à l'homme, de se réunir à d'autres pour vivre en commun avec eux : la cohabitation implique une règle de vie et par suite un chef.

Puis, en quoi tous ces engagements qui ne relèvent que de la conscience peuvent-ils être prohibés ou limités par l'État ? A moins de se substituer à l'homme, de lui imposer une religion, et dans cette religion, la mesure de ses devoirs envers Dieu, l'État n'a rien à faire dans ce domaine qui n'est pas le sien.

Mais, dit-on encore, ces religieux obéissent à un étranger, ou, pour employer le langage du projet du 14 novembre 1899, la « direction » de ces associations est fixée à l'étranger.

L'objection est ancienne et Berryer y a éloquemment répondu, Berryer qui suivant les admirables expressions de M. le bâtonnier Nicolet, avait dans son cœur « le fervent amour du droit, la haine de ce qui l'opprime ou le menace, « l'invincible besoin de la libre parole défendant la pensée libre. »

Voici ce que disait Berryer :

« .... Mais, dit-on, ils obéissent à un souverain étranger; mais c'est notre « faute, à nous catholiques; nous avons, dans l'ordre spirituel, le Pape pour « chef; nous sommes comme eux dans l'ordre spirituel, relevant d'un étran- « ger; mais, ce n'est pas un Prince étranger.

(1) Discours du 5 mars 1883.
(2) *De la Liberté politique dans l'État moderne,* p. 171-172.

« Quand le Concordat a été fait, Portalis a dit : le premier Consul a traité
« avec le Pape non comme avec un Souverain étranger, mais comme avec le
« chef de l'Église universelle dont les catholiques de France font partie.

« ...... Vous trouverez dans toutes les règles (monastiques) cette même
« préoccupation d'obéissance, qui n'est que l'obéissance dans l'ordre spirituel
« dans l'autorité du commandement. Là où la charité n'est pas contraire au
« commandement, l'obéissance est de droit......

« Je dis que ce droit est inhérent à la liberté de conscience, à la liberté. Si
« ceux qui ne doivent avoir que des rapport spirituels avec une puissance
« étrangère ont des rapports criminels, frappez-les, je vous les abandonne.
« N'avez-vous pas les moyens de saisir les actes coupables, d'arrêter les
« correspondances, dont l'existence est prévue par le Code pénal? N'avez-
« vous pas des compétences déterminées, même pour les chefs supérieurs de
« l'ordre ecclésiastique? Toutes ces lois répressives sont entre vos mains.
« Mais, en 1845, un système de prévention, un système d'autorisation préala-
« ble pour pratiquer la liberté de conscience, c'est le démenti le plus grand,
« le plus cruel donné à la Constitution » (1).

Aujourd'hui, en 1899, alors que nous vivons sous un régime démocratique
qui doit, à peine de mentir à son origine et à ses tendances, s'inspirer des
idées de liberté, est-ce que les principes affirmés par Berryer ne s'imposent
pas à nos législateurs ?

C'est ce qu'avait pensé la Commission de l'Assemblée nationale, nommée en
1871 pour examiner le projet d'abrogation des articles 291 à 294 du Code pénal. M. le comte Jaubert avait proposé d'exclure du régime de la liberté les
associations affiliées à des sociétés étrangères. La commission conclut au
rejet de cet amendement, et son rapporteur, M. Bertauld, exposa comme il
suit les motifs de cette décision :

« Nous n'avons pu donner notre adhésion à cette idée. L'amendement im-
« plique que toute société étrangère ne pourrait compter des Français parmi
« ses membres ou ses affiliés, qu'au détriment de la France et en entachant
« nos compatriotes d'une présomption de mauvais desseins.

« Serait-ce répondre à l'esprit de notre temps que d'élever ces obstacles
« vraiment injurieux à la communication, au libre échange des moyens d'ac-
« tion civilisatrice, qui sont une garantie d'union, de paix et de prospérité

(1) *Discours parlementaires*, V, p. 578.

« envers les diverses nations que les frontières séparent sans les rendre
« ennemies. *C'est en raison de son caractère propre et de son but, et non en rai-*
« *son de son siège et de la nationalité de ses fondateurs ou directeurs, qu'une*
« *association doit être jugée licite ou illicite.* L'amendement que nous repous-
« sons aurait des conséquences qui seraient désavouées par son auteur. Il
« alarmerait dans notre pays un grand nombre de consciences, qu'il prive-
« rait de correspondance et de liens qui se rattachent aux intérêts supérieurs
« aux intérêts de la vie présente, et qui ne sauraient tomber sous le coup
« d'une interdiction parce qu'ils ne préjudicient pas au patriotisme » (1).

Les réponses s'accumulent, comme on le voit, contre le prétendu danger de
l'autorité « d'une personne résidant à l'étranger. »

Le Souverain Pontife n'exerce cette autorité que dans l'ordre spirituel, et,
le jour où les choses se passeraient autrement, l'État est armé, et puissam-
ment armé, d'armes de toutes sortes, pour réprimer les attentats contre sa
propre souveraineté temporelle.

Rien, absolument rien, n'autorise la mise hors la loi commune des associations religieuses, et le Concordat exige qu'on respecte leur liberté.

IV

La suppression des Congrégations religieuses, hormis celles autorisées ou
reconnues, telle que la veut le projet du 14 novembre 1899, ne serait pas
moins en désaccord avec les traditions de la France, si ce n'est aux époques
troublées de son histoire où il est impossible de chercher un exemple à suivre.

Non pas, certes, qu'il y ait jamais eu chez nous de lois libérales en cette
matière :

« La France, dit avec raison M. Desjardins, est, parmi les pays libres, le
« seul où la liberté d'association ne soit écrite ni dans les mœurs ni dans les
« lois » (2).

Mais, si la France n'est pas encore un pays de liberté d'association, elle
n'a jamais été un pays de proscription des associations, et un coup d'œil jeté

---

(1) *Assemblée nationale*, Session de 1871, Annexe au procès-verbal de la Séance du 14 décembre 1871, p. 19.
(2) *De la Liberté politique*, p. 154.

sur l'histoire des associations religieuses dans notre pays va montrer l'accueil qu'en fait ces associations y ont reçu.

Il y a une première période de notre histoire où les associations religieuses ont été complètement libres. Jusqu'au XVIᵉ siècle, le droit de fonder des associations de cette nature, sous la juridiction des Évêques, est absolu; le pouvoir civil n'intervient ni pour autoriser ces fondations ni pour régler leur capacité d'acquérir ou d'aliéner. Pendant toute cette époque, les associations religieuses ont le droit, sans aucune autorisation séculière, de se former, puis d'acquérir des biens comme bon leur semble, sans aucune limite, non seulement à titre onéreux, mais aussi à titre gratuit, soit entre vifs, soit à cause de mort (¹).

A partir du XVIᵉ siècle, une autre théorie se fait jour et finira par régner en maîtresse dès le XVIIᵉ siècle. Aucune Congrégation ne peut se fonder sans l'autorisation du Roi et ne peut vivre que sous la tutelle du Roi; ce n'est là que l'une des formes de l'extension du pouvoir royal, qui tend à absorber tout en lui. Les Édits et les Déclarations royales se succèdent pour établir et pour confirmer ce principe : Déclaration du 21 novembre 1629, Édit du 22 juin 1659, de décembre 1666, d'août 1799, etc......

Mais, pour comprendre la portée de cet état de choses dans notre ancienne France, il faut se pénétrer du rôle du pouvoir royal vis-à-vis de l'Église et des associations religieuses. Le « Roi très chrétien, fils aîné de l'Église » était le défenseur né de l'Église et des associations. S'il refusait à des Congrégations le droit de s'établir en certains endroits, il en provoquait ou en facilitait la création dans d'autres lieux. S'il mettait obstacle à l'augmentation du patrimoine de quelques-unes, il en dotait largement et en enrichissait d'autres; et si les associations religieuses étaient traitées par lui comme des mineurs, il en était vraiment le tuteur :

« Le Roi, disait Berryer à la Chambre des Députés le 3 décembre 1845, était
« le conservateur, il était le défenseur, l'exécuteur des lois de l'Église; c'est
« l'expression de Domat...... Défenseur des canons, et, suivant l'expression
« consacrée, Évêque du dehors, tenant le glaive en main pour faire exécuter
« les lois de l'Église, telle était la position de l'autorité civile; elle ne pouvait
« pas admettre sans être obligée de maintenir. Elle devait donc approuver
« pour défendre, elle devait recevoir pour protéger, et de là, la nécessité de

---

(1) GLASSON, *Histoire du Droit et des Institutions de la France*, V, p. 213 et suiv.

« la vérification préalable. L'autorité civile qui vérifiait l'Institut, qui admet-
« tait et reconnaissait les vœux solennels pris dans chaque Congrégation,
« dans chaque Communauté religieuse, avait pour devoir de les maintenir,
« de les faire respecter; elle jugeait la validité des vœux, et, en conséquence,
« elle faisait rentrer dans l'obéissance de la Communauté celui qui prétendait
« s'en affranchir. C'est de là, c'est de ce devoir de la souveraineté à cette
« époque que découlait non pas le droit, mais l'obligation de vérifier, d'accepter
« d'approuver les statuts » (1).

La Déclaration royale du 21 novembre 1629 montre bien la double préoccupation à laquelle obéissait le pouvoir royal : d'un côté, ne pas permettre aux
associations religieuses d'être assez puissantes pour faire échec à l'autorité
du Roi, et, de l'autre, leur venir en aide toutes les fois qu'elles peuvent servir
la religion sans être inquiétantes pour l'autorité temporelle :

« Déclarons et ordonnons qu'il ne pourra ci-après être fait aucun établisse-
« ment de monastère, maisons et Communautés régulières ou religieuses de
« l'un et l'autre sexe, en quelque ville et lieu que ce soit, même des Ordres
« ci-devant reçus et établis dans le royaume, sans notre expresse permission,
« par lettre signée par l'un de nos Secrétaires d'État et scellée de notre grand
« sceau, *afin que nous puissions juger de l'utilité d'iceux, et, selon les occasions*
« *ordonner et assigner les lieux et villes auxquelles nous jugerons plus à propos*
« *de les faire établir pour l'utilité de nos sujets et avancement de la foi et reli-*
« *gion catholique, apostolique et romaine* » (2).

Cette protection royale pour les associations religieuses n'est pas dans les
mots seulement, elle est une réalité, et elle apparaît fréquemment dans
l'histoire des Ordres monastiques.

Denisart, en parlant des Communautés religieuses, établit clairement la
conception que l'on s'en faisait alors. Créées non pas seulement « pour le bien
« de la religion », mais aussi « pour le bien de l'État », elles étaient l'objet
de privilèges que le pouvoir royal leur octroyait, et certaines des mesures
prises en apparence contre elles, comme l'interdiction d'aliéner leurs biens,
n'avaient d'autre cause que d'assurer la perpétuité de l'Institution monastique:

« Ces corps, dit Denisart, formés pour l'utilité de la religion, doivent aussi
« l'être pour celle de l'État, ils tiennent leurs droits et leurs privilèges de la
« concession de nos Rois et du Pape, et représentent les personnes de la libé-

(1) *Discours parlementaires*, V, 551-552.
(2) Jourdan, Decrusy et Isambert, *Recueil des anciennes Lois françaises*, XVI, p. 348.

« ralité desquelles ils ont reçu les biens qu'ils possèdent. Mais comme les
« Communautés sont établies à perpétuité, le bien public a demandé qu'il
« leur fût défendu d'aliéner leurs biens sans causes justes et nécessaires » (¹).

C'est ainsi qu'une partie de la dîme appartenait à un certain nombre de
monastères (²).

Au XVIIIᵉ siècle, au moment où le pouvoir royal se fait sentir le plus lourdement sur les associations religieuses, son dessein de les protéger et de les
favoriser par certains côtés apparaît clairement. C'est ainsi qu'une Déclaration du 3 avril 1736 oblige les Communautés qui sont dans Paris ou sur des
affluents de la Seine, d'être toujours approvisionnées du blé nécessaire pour
leur subsistance pendant trois années, de manière à leur procurer une ressource assurée en temps de disette.

Pothier, après avoir indiqué dans l'article 1ᵉʳ du Titre VII de son *Traité des
Personnes*, Titre consacré aux *Communautés* « En quelles choses les corps ont
« moins de droit que les particuliers » donne à l'article 2 l'intitulé suivant :
« *Quels sont les avantages des Communautés sur les particuliers.* »

Voici ce qu'il dit à ce propos : « Si le droit des Communautés est plus res
« serré en certaines choses que celui des particuliers, elles ont aussi sur eux
« des avantages en d'autres choses.

« Les Communautés jouissent de plusieurs droits accordés aux mineurs,
« suivant cette règle : *Reipsa minorum jura habent.* En conséquence, les
« Communautés peuvent être restituées par lettres de rescicion pour cause
« de lésion considérable, contre des engagements de conséquence qu'elles
« auraient contractés. Les procès qu'elles ont à soutenir, soit en demandant,
« soit en défendant, dans lesquels il s'agit de la propriété des biens leur
« appartenant, doivent être communiqués aux officiers du ministère public
« dans les juridictions où les procès se poursuivent, qui doivent donner leurs
« conclusions avant le jugement; faute de quoi, les Communautés sont cen
« sées n'avoir pas été suffisamment défendues, et ont la voie de la requête
« civile contre les condamnations prononcées contre elles par des arrêts ou
« jugements en dernier ressort.

« Les choses appartenant aux Communautés ne peuvent être acquises par
« un tiers détenteur, quoique avec titre et bonne foi, par la prescription de
« dix ans ou vingt ans, ou même de trente : il n'y a que la prescription de qua-

---

(1) **Collect. de Décis nouv.;** Vᵒ *Communautés ecclésiastiques*, § v. (Édit. de 1775.)
(2) Desisart, *Op. cital.*, Vᵒ *Dimes*, § iv. (Édit. de 1787.)

« rante ans qui puisse leur être opposée, soit pour acquérir les choses qui
« leur appartenaient, soit pour se libérer des droits et actions qu'elles avaient.

« Les Communautés ont encore d'autres prérogatives, que nous remarque-
« rons en traitant des différentes matières du droit français » (¹).

Spécialement en ce qui concerne les Communautés religieuses, la liste de
ces prérogatives serait assez longue.

Nous n'avons nulle intention de la faire, mais voici ce que nous voulons
conclure des observations qui précèdent : si le pouvoir royal, poursuivant
son plan général d'absorption de toutes les forces vives de la France, y a compris les associations religieuses et les a privées de la liberté pour les sou-
mettre à sa tutelle, il a du moins compensé cette privation par une protection
réelle et un appui incessant. Sans doute, comme rien ne vaut la liberté,
comme rien ne la remplace, ce système d'entraves mélangé de protection a
été funeste aux Ordres monastiques ; mais ce serait fausser l'histoire que de
ne relever, dans cette période, que les atteintes à la liberté des associations
religieuses, sans tenir compte du rôle respectif d'alors de l'Église et de l'État,
et de ne pas constater ce que Berryer qualifie si justement de « devoir de la
« société à cette époque. »

Aujourd'hui tout est changé en France : la religion est, suivant les expressions de Montalembert, « reléguée dans un coin de la société, murée dans
« l'enceinte de ses temples ou de la conscience individuelle. » L'Église n'a
plus de privilèges, ce qui vaut mieux pour elle ; elle a en revanche droit à la
liberté commune, et les associations religieuses, que l'État ne protége plus,
ont droit à la même indépendance que les autres associations, de telle sorte
que cette partie de notre histoire juridique, cette prétendue tradition nationale de l'asservissement des associations religieuses, ne peut être invoquée
par des esprits de bonne foi, en présence des changements si grands appor-
tés dans le rôle de l'Église et dans celui des associations qui se développent
autour d'elle.

A plus forte raison n'y peut-on pas voir l'origine de ces lois de proscription
dont les Congrégations sont menacées.

Quant à la Législation de l'époque intermédiaire, elle a été, au point de
vue du droit d'association, destructive de toutes les libertés. Cependant, la
Déclaration des Droits de l'homme renferme de belles formules de liberté :

(¹) *Traité des Personnes et des Choses*, nᵒˢ 230-231.

ARTICLE 2. — « Le but de toute association politique est la conservation
« des droits naturels et imprescriptibles de l'homme. Ces droits sont la
« liberté, la propriété, la sûreté, la résistance à l'oppression. »

ARTICLE 4. — « La liberté consiste à pouvoir faire tout ce qui ne nuit pas à
« autrui : ainsi l'exercice des droits naturels de chaque homme n'a de bornes
« que celles qui assurent aux autres membres de la société la jouissance de
« ces mêmes droits. »

ARTICLE 5. — « La loi n'a le droit de défendre que les actions nuisibles à
« la société. »

Mais la réalité ne ressemble guère aux affirmations si nettes de la loi, et
toutes les associations, les associations religieuses comme les autres, furent
emportées dans la tourmente du despotisme qui balaya alors toutes les libertés :

« Les désastres se succédèrent, dit M. Viollet, rapides, foudroyants; les
« corporations ouvrières frappées une première fois en 1776, furent anéanties
« en 1791 (tandis qu'il eût suffi de proclamer la liberté des professions);
« anéanties les corporations religieuses en 1792; anéanties les associations
« financières en 1794; anéanties enfin, dans la mesure ou une commune peut
« être anéantie, toutes les communes de France, ces groupes naturels, en
« l'an VIII » (1).

Du reste, le texte des décrets de 1791 et de 1792 dispense de tout commentaire. L'article 1er du décret des 14 - 17 juin 1791, relatif aux assemblées
d'ouvriers et artisans de même état et profession, est ainsi conçu :

« L'anéantissement de toutes les espèces de corporations des citoyens des
« même état et profession étant *une des bases fondamentales de la Constitu-*
« *tion française,* il est défendu de les rétablir de fait, sous quelque prétexte
« et quelque forme que ce soit. »

Nous ne ferons, à propos de la législation de cette époque, qu'une seule
observation que nous empruntons à un aphorisme de Bacon et qui trouve
alors son application directe :

« *Exempla a temporibus bonis et moderatis petenda sunt, non tyrannicis,*
« *aut factiosis, aut dissolutis. Hujus modi exempla temporis partus spurii*
« *sunt, et magis nocent quam docent* » (2).

<hr>

(1) *Précis de l'Histoire du Droit français,* Liv. III, chap. VII.
(2) *De Fontibus juris, Aphorismus XXII.*

Le décret du 18 août 1792, sur la suppression des Congrégations séculières et des Confréries, ne le cède en rien au décret relatif aux corporations ouvrières :

« L'Assemblée nationale, dit le préambule de ce décret, considérant qu'un « État vraiment libre ne doit souffrir dans son sein aucune corporation, pas « même celle qui, vouées à l'enseignement public, ont bien mérité de la pa- « trie, et que le moment où le Corps législatif achève d'anéantir les corpora- « tions religieuses est aussi celui où il doit faire disparaître les costumes qui « leur étaient propres et dont l'effet nécessaire serait d'en rappeler le souve- « nir, d'en retracer l'image, ou de faire penser qu'elles subsistent encore, « décrète ce qui suit :

Article 1er. — « Les Congrégations connues en France sous le nom de « Congrégations séculières ecclésiastiques, telles que celles des prêtres de « l'Oratoire, de Jésus, etc....., généralement toutes les corporations reli- « gieuses et Congrégations séculières d'hommes et de femmes, ecclésiasti- « ques ou laïques, même celles uniquement vouées au service des hôpitaux « et au soulagement des malades...... sont éteintes et supprimées à dater « du jour de la publication du présent décret. »

Sous l'Empire, le décret du 3 messidor de l'an XII déclare dissoutes les associations non autorisées, et l'article 4 porte qu'aucune association reli- gieuse ne pourra se former à l'avenir sans être autorisée par décret impérial.

Pendant cette période, bon nombre de Congrégations de femmes furent au- torisées et même subventionnées, et quelques Congrégations d'hommes re- çurent l'autorisation, notamment la Congrégation des Missions Étrangères et du Saint-Esprit, et l'Institut des Frères des Écoles Chrétiennes. Pour cette dernière Congrégation, l'autorisation résulte implicitement de l'article 109 du décret du 17 mars 1808, portant organisation de l'Université :

« Les Frères des Écoles Chrétiennes, dit ce texte, seront brevetés et encou- « ragés par le Grand Maître qui visera leurs statuts antérieurs, les admettra au « serment, leur prescrira un habit particulier et fera surveiller leurs écoles. »

Sous la Restauration, deux lois, celle du 2 janvier 1817, sur les dons et legs aux établissements ecclésiastiques, et celle du 24 mai 1825, relative aux Con- grégations et Communautés religieuses de femmes, et, sous la seconde Répu- blique, la loi du 15 mars 1850 sur la liberté d'enseignement, renferment non pas des dispositions d'ensemble sur la condition des associations religieuses, dispositions depuis longtemps promises et toujours attendues, mais des règles spéciales que nous allons résumer.

D'après la loi du 2 janvier 1817, les établissements ecclésiastiques « recon-
« nus par la loi » ne peuvent accepter de donations ou de legs, acquérir à
titre onéreux des immeubles ou des rentes, ou en aliéner, qu'avec l'autorisation du Roi.

La loi du 24 mai 1825 renferme les mêmes dispositions pour les Congrégations autorisées de femmes, et l'article 5 ajoute que les personnes qui font
partie d'associations de cette nature ne peuvent disposer à titre gratuit, au
profit de l'association à laquelle elles appartiennent, au-delà du quart de leurs
biens, à moins que le don ou legs n'excède pas la somme de dix mille francs.

Enfin, la loi du 15 mars 1850, dans son article 17, s'exprime ainsi :

« La loi reconnaît deux espèces d'écoles primaires ou secondaires 1°......
« 2°...... les écoles fondées ou entretenues par des particuliers ou des asso-
« ciations et qui prennent le nom d'écoles libres. »

La discussion de la loi de 1850 établit clairement qu'à côté des associations
reconnues en conformité du décret du 3 messidor an XII et des lois de 1817
et 1825, il y a en France des associations non reconnues, qui ont le droit de
vivre quoique non reconnues, parce qu'elles constituent une société de fait
permise par les principes de liberté formant la base de notre droit public
moderne. Le premier *Rapport* de M. Beugnot à l'Assemblée nationale s'en
explique :

« Les membres des Congrégations religieuses non reconnues par l'État
« pourront-ils ouvrir des établissements d'instruction secondaire ou y pro-
« fesser ?

« La réponse ne peut être douteuse. Nous réglons l'exercice d'un droit
« public à la jouissance duquel sont appelés tous les citoyens, sans autre
« exception que ceux dont l'immoralité a été déclarée par un arrêt de la jus-
« tice. Nous disons avec le rapporteur du projet de loi à l'Assemblée consti-
« tuante : la République n'interdit qu'aux ignorants et aux indignes le droit
« d'enseigner. Elle ne connaît pas les corporations ; elle ne les connaît ni
« pour les gêner ni pour les protéger. Elle ne voit devant elle que des pro-
« fesseurs.

« Si nous voulions étendre, par des motifs étrangers à cette loi, le cercle
« des interdictions, nous ne saurions où nous arrêter : le droit d'enseigner
« deviendrait le privilège de quelques-uns, l'égalité et la Constitution seraient
« violées. Ainsi donc, nul doute ; d'après le projet de loi, les membres des
« associations religieuses non reconnues dans lesquelles nous ne voyons,
« nous aussi, que des citoyens auxquels nul n'a le droit de demander ce qu'ils

« sont devant Dieu et devant leur conscience, jouissant de la faculté d'ensei-
« gner, parce que cette faculté est un droit civil et qu'ils possèdent tous les
« droits civils » [1].

Lors de la seconde lecture du projet, MM. Bourzat, Savatier-Laroche, Sage
et Ceyrac présentèrent un amendement ainsi conçu :

« Nul ne pourra tenir une école publique ou libre, primaire ou secondaire,
« laïque ou ecclésiastique, ni même y être employé, s'il fait partie d'une Con-
« grégation religieuse non reconnue par l'État.

« Aucune Congrégation religieuse ne pourra d'ailleurs s'établir que dans
« la forme et sous les conditions déterminées par une loi spéciale.

« La discussion de cette loi devra être précédée de la publication des sta-
« tuts de la Congrégation et de leur vérification par le Conseil d'État qui
« donnera son avis. »

M. Laurent (de l'Ardèche) présenta un amendement dans le même sens,
mais visant plus spécialement les Jésuites.

M. Bourzat, en développant son amendement dans la séance de l'Assemblée législative du 23 février 1850, attaqua de front le droit à l'existence pour
les associations religieuses :

« Les citoyens ont le droit de s'associer, dit-il, c'est, en effet, un droit ga-
« ranti aux citoyens par l'article 8 de la Constitution. Mais c'est là le droit
« des hommes de la cité qui ne placent point le devoir et le droit en dehors
« du devoir et du droit de l'homme de la cité. C'est donc aux citoyens, et
« entre citoyens, que le droit d'association est garanti. Les associations pla-
« cées sous la garantie constitutionnelle sont donc celles dont l'organisation,
« le point d'appui, le chef et les membres sont dans la cité.

« Est-ce donc une association de cette nature ? Qu'est-ce donc qu'une Con-
« grégation religieuse ? C'est une société entre nationaux et étrangers, une
« société dont l'organisation, l'institution, le point d'appui sont à l'étranger;
« c'est une association dont les membres sont soumis à une loi étrangère,
« abjurent souvent toute nationalité pour ne reconnaître qu'un chef étranger
« demeurant à l'étranger, s'inspirant des passions, des intérêts, de la politi-
« que de l'étranger [2].

M. Thiers, président de la commission de l'enseignement, répondit à
M. Bourzat, et nous relevons dans sa réponse les passages suivants. Répon-

(1) Duvergier, *Collect. des Lois*, 1850, p. 95.
(2) *Moniteur* du 24 février 1850, p. 660.

dant à la préoccupation des orateurs de la gauche relative aux Jésuites, il s'exprime ainsi :

« C'est vous qui l'avez voulu, ce n'est pas nous, c'est la Constitution. Les « Jésuites rentreront, dites-vous, eh bien! au nom de vos principes, comment « ferez-vous pour les empêcher? Avec la liberté limitée de l'ancien régime, « c'est possible; mais vous n'en voulez pas! Vous la déclarez méprisable et « vous venez prendre un de ses petits moyens, un de ses petits ombrages, « une de ses petites jalousies...... »

A la suite du rapport de M. Beugnot, les amendements de M. Bourzat et de M. Laurent (de l'Ardèche) furent rejetés, et le droit à l'existence reconnu pour les associations religieuses non autorisées.

Aussi, quelques années plus tard, un préfet ayant consulté le Ministre de la Justice et des Cultes sur la question de l'existence légale des Congrégations non reconnues, le Ministre lui répondit dans les termes suivants :

« La loi du 24 mai 1825 s'est bornée à attacher des avantages à la recon « naissance légale, sans atteindre par aucune disposition les Congrégations « ou Communautés non reconnues qui ne régulariseraient pas leur position. « La privation des droits conférés aux Institutions reconnues est la seule « conséquence du défaut d'autorisation » [1].

En 1880, dans la séance du Sénat du 28 février, M. Dufaure précisait dans les termes suivants la situation juridique des associations religieuses non reconnues :

« ...... Les associations religieuses se forment d'abord et durent toutes un « certain temps avant de prendre le caractère d'associations autorisées, et « même, lorsque l'autorisation est demandée, il est important que le Gouver « nement sache ce qu'elles ont déjà fait indépendamment des titres qu'elles « présentent.

« Par conséquent, vous voyez la Congrégation non autorisée existant un « certain temps, aussi longtemps qu'elle veut, avec son caractère simple, et « n'ayant pas encore acquis le caractère de Congrégation autorisée, c'est à « dire n'étant pas encore incorporée, ainsi que le dit la science du droit. « Quand elles veulent se faire incorporer, elles ont besoin de remplir des « formalités particulières qui sont déterminées principalement par la loi

---

(1) Lettre citée par M⁰ Rousse, *Consultation.* (2⁰ édition, p. 49.)

« de 1825, relativement aux femmes. Mais la loi de 1825, comme la loi de 1817
« pour les hommes, ne dit pas ou n'a jamais dit qu'une Congrégation reli-
« gieuse fût obligée de se faire incorporer ou de demander l'autorisation. Il
« n'y a aucune loi qui leur en prescrive l'obligation ; ce sont elles qui, lors-
« qu'elles veulent acquérir certains droits, ont besoin de se faire autoriser.
« Il y en a beaucoup qui n'ont pas besoin de ces droits, qui ne les réclament
« pas, et qui, par conséquent ne se font pas autoriser.

« Mais toute Communauté qui veut posséder ses droits civils, qui veut les
« exercer, soit acquérir, soit aliéner, qui veut surtout, ce qui les intéresse
« quelquefois le plus, recevoir des donations ou quelque disposition testa-
« mentaire, est obligée de se faire reconnaître. Je répète qu'aucune Commu-
« nauté n'est forcée de demander l'autorisation quand elle n'en a pas besoin,
« ou quand elle ne le désire pas. Cela n'est pas contestable.

« Je prie donc qu'on ne dise pas qu'une Communauté non autorisée est par
« cela même une Communauté illicite, parce qu'elle n'a pas encore demandé
« l'autorisation. Elle a usé d'un droit en ne la demandant pas.

« Comment se fait-il que beaucoup de Communautés ne demandent pas
« cette autorisation ? C'est que d'abord, parmi les Communautés de femmes,
« il y en a beaucoup qui sont très peu étendues, qui ne songent pas à recevoir
« des legs, ni à faire des acquisitions, qui ne tiennent pas à devenir proprié-
« taires en leur nom de Communautés, qui n'ont pas besoin d'être incorporées
« et qui, par conséquent, restent par cela même simple réunion de fait, com-
« munauté non autorisée. Il y en a beaucoup d'autres qui ont des vues absolu-
« ment différentes et qui ne demandent pas l'autorisation. Elles sont privées
« de certains droits, qu'en résulte-t-il ? C'est que le mot de Communauté que
« nous leur appliquons n'est pas absolument exact.

« Elles sont des réunions de fait, des agglomérations de fait, et pas autre
« chose. Et pendant qu'elles ont ce caractère, chacun des membres qui les
« composent, par le fait qu'il n'y a pas d'incorporation, ne perd pas ses droits,
« il conserve son individualité, et, comme le disait si bien tout à l'heure M. le
« Président du Conseil qui a parlé en cela comme un vrai jurisconsulte, il
« acquiert, il possède, il peut recevoir entre vifs, mais pour lui-même seule-
« ment, et non pas pour une réunion de fait qui n'a pas le titre de Commu-
« nauté » [1].

(1) Séance du Sénat du 28 février 1880.

De ce qui précède il résulte que, sous l'empire de la législation actuellement existante en France, on doit distinguer trois classes d'associations religieuses : les associations religieuses *autorisées*, les associations religieuses *reconnues d'utilité publique*, et enfin les associations religieuses *non autorisées*.

Les associations religieuses *autorisées* sont régies par des textes différents, suivant qu'il s'agit de Congrégations d'hommes ou de Congrégations de femmes.

Pour les premières, les Congrégations religieuses d'hommes, on admet en général que depuis le Concordat jusqu'à la loi du 2 janvier 1817 un décret impérial ou une ordonnance royale a suffi pour les autoriser [1]. C'est ainsi qu'ont été autorisées les Congrégations des Lazaristes et celles des Frères de la Doctrine Chrétienne.

A partir de la loi du 2 janvier 1817, d'après l'opinion la plus accréditée, il faut une loi pour les autoriser. C'est ce qui paraît en effet résulter des termes employés par les articles 1er et 2e de cette loi, « tout établissement ecclésias- « tique *reconnu par la loi* pourra, etc...... »

Quant aux Congrégations religieuses de femmes, elles ont pu être autorisées par un décret ou une ordonnance, jusqu'à la loi du 24 mai 1825; et même, depuis cette loi, une ordonnance a suffi pour autoriser les Congrégations existant avant le 1er janvier 1825, conformément à l'article 2, § 2. De plus, depuis le décret du 31 janvier 1852, elles peuvent encore être autorisées par un simple décret dans les diverses hypothèses prévues dans l'article 1er, adoption de statuts déjà approuvés par d'autres Communautés, réunion de plusieurs Communautés qui ne peuvent vivre séparément, etc......

Une fois autorisées, par une loi, une ordonnance ou un décret, suivant les circonstances, les associations religieuses d'hommes ou de femmes s'administrent librement, sans avoir à recourir à la tutelle administrative. Elles peuvent faire tous les actes de gestion de leur patrimoine, toucher leurs revenus, donner leurs immeubles à bail ou en prendre à ce titre, employer leurs économies à l'entretien ou à la réparation de leurs immeubles, ou à des constructions nouvelles, ester en justice, sans aucune autorisation.

Mais les associations religieuses autorisées devront solliciter et obtenir l'autorisation du Gouvernement pour les acquisitions à titre gratuit, par do-

---

nation ou par testament, pour les acquisitions à titre onéreux d'immeubles ou de rente, les aliénations des mêmes biens, les cessions ou transports, les échanges et les transactions. L'article 910 du Code civil, les lois ou ordonnances des 21 janvier 1817, 24 mai 1825 et 14 janvier 1831 règlent les formalités à suivre pour ces divers actes.

L'autorisation donnée aux associations religieuses ne peut leur être retirée que par une loi, et cela, en quelque forme qu'elle ait été primitivement donnée. C'est la disposition formelle de l'article 6 de la loi du 24 mai 1825 pour les Congrégations de femmes, et l'on reconnaît qu'il doit en être de même pour les Congrégations d'hommes (1).

Les associations religieuses *reconnues d'utilité publique* ont une situation juridique moins nettement définie que les associations autorisées. Qu'elles aient une existence légale opposable aux tiers, c'est ce dont personne ne doute : mais ont-elles, comme les associations autorisées, la personnalité civile, la capacité d'acquérir à titre gratuit ou onéreux avec l'autorisation du Gouvernement, c'est un point très controversé.

L'opinion qui paraît la plus accréditée leur attribue une capacité limitée, restreinte au but pour lequel elles ont été reconnues d'utilité publique; c'est ainsi qu'elles peuvent s'administrer, traiter avec des tiers pour des actes relatifs au but de leur institution, poursuivre en justice l'exécution des conventions par elles passées dans ces limites; mais là se borne leur capacité. Elles n'ont pas une pleine personnalité civile et notamment elles ne peuvent recevoir ni dons, ni legs (2).

La condition des associations religieuses *non autorisées* fait naître des questions de deux ordres : le droit pour les membres de l'association de vivre en commun et leur capacité civile.

Nous ne parlerons pas de la première question. Tout le monde se rappelle les débats qu'elle a soulevés en 1880, les évènements qui en ont été la suite et l'admirable Consultation de notre éminent confrère, Me Rousse, qui restera comme une page inoubliable de l'histoire juridique du XIXe siècle.

Sur la seconde question, la capacité civile des associations non autorisées et des membres qui les composent, il ne convient pas d'entrer ici dans l'exa-

---

(1) CALMETTE, *Traité de l'Administration temporelle des Congrégations et Communautés religieuses*, p. 250-251.
(2) Lyon, 12 juillet 1878, SIREY, 79, I, 313; Toulouse 6 mars 1884. SIREY, 87, II, 187. — *Comparez*. Conseil d'État, 22 janvier 1892. SIREY, 93, III, 145. et la *Note*.

men des questions délicates que l'étude de cette capacité fait naître. Nous
constaterons seulement les solutions auxquelles la jurisprudence est arrivée

Elle décide d'abord que les membres de ces associations peuvent contracter
des engagements les uns vis-à-vis des autres, et notamment peuvent s'obliger à mettre en commun le produit de leur travail, leurs gains et leurs revenus, comme la Cour de Cassation l'a jugé dans le célèbre arrêt Lacordaire :

« Attendu, dit cet arrêt, que si une Congrégation religieuse non autorisée
« n'a pas d'existence légale et est incapable de contracter, les membres de
« cette Congrégation, stipulant en leurs privés noms, peuvent prendre des
« engagements valables les uns envers les autres; que la Cour d'Appel de
« Toulouse déclare, en fait, que le Père Lacordaire et les autres membres
« de l'Ordre des Frères-Prêcheurs se sont individuellement et réciproque-
« ment obligés à mettre en commun, pour subvenir à leur existence commune,
« le produit de leur travail, leurs gains et leurs revenus, et que ce produit,
« ces gains et ces revenus ont été effectivement consommés antérieurement
« au décès du Père Lacordaire, survenu le 21 novembre 1861; qu'en décidant
« que le contrat commutatif intervenu et exécuté dans ces conditions est
« licite, ladite Cour n'a violé aucun des articles visés » (1).

Dans le même ordre d'idées, la jurisprudence décide que les membres de
l'association peuvent acheter en commun un immeuble, avec stipulation que
cet immeuble et les constructions qui y seraient élevées appartiendront au
survivant d'entre eux, chaque membre devant perdre tous ses droits par son
prédécès ou par sa sortie volontaire de la Communauté (2). La validité de
cette convention paraît d'ailleurs formellement reconnue par des textes lé-
gislatifs, les articles 3 et 4 de la loi de finances des 28-29 décembre 1880; l'article 3, § Ier, de cette loi porte ce qui suit :

« L'impôt établi par la loi du 29 juin 1872 ...... sera payé par toutes les
« sociétés dans lesquelles les produits ne doivent pas être distribués en tout
« ou en partie entre leurs membres; la même disposition s'applique aux asso-
« ciations reconnues et *sociétés ou associations même de fait existant entre tous*
« *ou quelques-uns des membres des associations reconnues ou non reconnues.* »

L'article 4 ajoute :

« Dans toutes les sociétés ou associations civiles qui admettent l'adjonction
« de nouveaux membres, les accroissement opérés *par suite de clause de réver-*

(1) Cassatⁿ, 19 juillet 1882, Dalloz, 82, 1, 451.
(2) Orléans, 14 juin 1883, Dalloz, 84, II. 108.

« *sion*, au profit des membres restants, de la part de ceux qui cesseraient de
« faire partie de la société ou association, sont assujettis au droit de mutation
« par décès...... »

Si un immeuble est concédé aux membres de l'association religieuse non
autorisée à raison de leur qualité, ou s'il est acheté par eux avec l'argent
amassé par la collectivité ou recueilli au moyen de dons, cet immeuble n'appartient pas aux héritiers des membres décédés. Il demeure la propriété de
ceux qui continuent de faire partie de la Congrégation. La Cour de Cassation
l'a ainsi jugé à propos d'une concession faite par le Gouvernement de terrains
situés à Constantine; cette concession était faite au Père Parabère, en sa
qualité de membre de la Société de Jésus. A sa mort, ses héritiers récla-
mèrent ces immeubles aux membres de la Congrégation auxquels le Père
Parabère les avait transmis par testament d'abord, puis par vente :

« Attendu, dit l'arrêt de la Cour d'Alger, que l'État a fait en Algérie un
« certain nombre de concessions immobilières au profit de membres de Com-
« munautés religieuses non reconnues; que ces concessions ont eu lieu, tantôt
« dans un but de colonisation, comme celle des Trappistes de Staouëli, tantôt
« dans un but d'assistance publique, comme celle des Jésuites qui dirigent
« l'orphelinat de Bouffarick, tantôt enfin dans un but de moralisation, comme
« celle du Père Parabère; que s'il était fait droit à la demande des intimés,
« les héritiers du titulaire des autres concessions ci-dessus rappelées pour-
« raient, au même titre et par la même raison, réclamer la délivrance d'im-
« meubles qui jamais, ni dans l'esprit de l'État concédant, ni dans celui des
« bénéficiaires nominaux de la libéralité, n'ont été la propriété de ces der-
« niers. »

Le pourvoi formé contre cet arrêt a été rejeté par la Chambre des Requê-
tes ([1]).

La même solution a été admise par l'arrêt Lacordaire, qui décide « que les
« biens dont les héritiers réclament le délaissement n'ont point fait partie
« de la fortune personnelle du Père Lacordaire, ni par conséquent de la suc-
« cession de celui-ci; que donnés à l'Ordre des Dominicains par des tiers, ou
« achetés pour le compte de cet Ordre au moyen d'offrandes nombreuses qui lui
« étaient faites, ils n'ont été entre les mains du Père Lacordaire qu'un dépôt,
« qu'il a remis conformément aux intentions des donateurs ([2]).

<hr>

[1] Cassation, 1er juin 1869, DALLOZ, 69, 1, 213.
[2] Cassation, 30 mai 1870, DALLOZ, 70, 1, 277.

Vis-à-vis des tiers, les membres de l'association religieuse non autorisée, considérés comme formant une société de fait, sont responsables des engagement spris à l'occasion de leur société, que ces engagements dérivent de contrats, de quasi-contrats, de délits ou de quasi-délits. Ils en sont responsables dans la mesure de la participation de l'auteur de ces engagements à l'administration des choses communes, et ils en répondent dans cette mesure sur tous les biens qu'ils possèdent en commun [1].

Mais, à l'inverse, et par une conséquence pour ainsi dire nécessaire de cette première idée, les membres de l'association religieuse non autorisée auront une action contre les tiers qui causeraient un dommage aux choses qu'ils possèdent en commun [2] : et, comme il a été jugé par la Cour de Paris sous la présidence de M. Larombière et sur une plaidoirie aussi élevée que juridique de notre éminent confrère Mᵉ Barboux, ils auront aussi contre les tiers, à propos des immeubles possédés en commun, tous les droits que donne la propriété, acquisition de la mitoyenneté de murs contigus, exhaussement du mur mitoyen, etc. [3].

Telle est, d'après la législation, pour les associations autorisées ou simplement reconnues, d'après la jurisprudence, pour les associations non autorisées, la situation des associations religieuses en France : situation asservie, pour les associations autorisées ou reconnues, situation incertaine et précaire pour les associations non autorisées; mais du moins elles vivent.

M. Viollet a très bien caractérisé cette situation en disant que la vie des associations de l'ordre moral a prévalu en France contre les arrêts de mort de l'époque intermédiaire, mais que les restaurations dont elles ont été l'objet ont été insuffisantes et boiteuses [4].

Comme on le voit par l'esquisse que nous venons d'essayer de tracer aussi exactement que possible, si la liberté des associations religieuses n'a pas encore réussi à s'acclimater en France, jamais cependant, sauf dans des époques troublées, notre pays n'a admis la proscription des Ordres religieux : et contre les arrêts de mort, leur vie a toujours prévalu, suivant les expressions de M. Viollet. Voilà pourquoi nous avons le droit de revendiquer, dans cette mesure et contre le projet du 14 novembre 1899, les traditions juridiques de la France.

<hr>

[1] Cassation, 30 décembre, 1857, Dalloz, 58, 1, 21.
[2] Aix, 2 mars 1874, Dalloz, 74, II, 217.
[3] Paris, 21 février 1879, Dalloz, 79, II, 325.
[4] *Précis de l'Histoire du Droit français*, Liv. III, chap. VII.

V

Si l'on étudie les législations étrangères, on est frappé du grand et beau mouvement qui, depuis un demi-siècle, se produit à peu près dans toutes les nations en faveur de la liberté d'association.

D'abord en ce qui concerne la liberté d'association en général, elle est maintenant, presque partout, un principe constitutionnel.

« La Constitution belge de 1831 disait : Les Belges ont le droit de s'asso-« cier : ce droit ne peut être soumis à aucune mesure préventive. La Consti-« tution néerlandaise de 1848 : Les habitants ont le droit de s'associer et de « s'assembler. La Constitution suisse : Les citoyens ont le droit de former « des associations, pourvu qu'il n'y ait dans l'objet de ces associations ou « dans les moyens qu'elles emploient rien d'illicite ou de dangereux pour « l'État. La Constitution allemande de 1849, œuvre du Parlement de Franc-« fort : Les Allemands ont le droit de s'associer. Ce droit ne peut être res-« treint par aucune mesure préventive. La Constitution prussienne de 1850 : « Tous les Prussiens ont le droit de former des associations dont le but n'est « pas contraire aux lois pénales. La loi fondamentale autrichienne de 1849 : « Les citoyens autrichiens ont le droit de se réunir et de s'associer, autant que « le but, les moyens ou la forme de l'association ne sont pas contraires au « droit général, ni dangereuses pour l'État : et celle de 1867 la confirme en la « reproduisant. La Constitution espagnole de 1876 : Tout espagnol a le droit « de s'associer pour les fins de la vie humaine » (¹).

En Angleterre, la liberté d'association est, suivant l'expression exacte de M. Desjardins « la substance même de la liberté politique anglaise ». Aussi Blackstone, après avoir étudié au début de son *Commentaire sur les Lois anglaises* la liberté dont jouit le citoyen anglais, peut-il conclure avec une légitime fierté dans les termes suivants :

---

(1) CHARLES BENOIT. *L'Association dans la démocratie*, *Revue des Deux-Mondes*, n° du 1ᵉʳ juin 1899, p. 685.

« ...... Chacun de nous est libre de faire ce qu'un honnête homme peut
« désirer de faire; et rien ne lui est interdit que ce qui serait nuisible à lui-
« même ou à ses concitoyens. »

Et il ajoute :

« *Esto perpetua!* » (¹).

Quand donc un jurisconsulte français pourra-t-il tenir le même langage !

Il est à peine besoin de rappeler ici la législation des États-Unis, tellement est connue non seulement la liberté dont y jouit l'association, mais aussi l'expansion admirable de cette liberté :

« C'est aux États-Unis, dit M. Desjardins, que la liberté d'association
« semble avoir atteint son extrême développement : elle y a transporté
« des montagnes, fondant dans toutes les villes et même dans les districts
« ruraux d'innombrables œuvres de bienfaisance et de science, bâtissant
« des collèges, créant des universités, allant parfois jusqu'à monopoliser
« les transports, jusqu'à gouverner une ville, un État entier par une sorte de
« main mise sur les tribunaux ou sur les législatures, etc....... Cependant
« même dans cette République où l'abus des droits en a si souvent suivi
« l'usage, le Président et les Gouverneurs des États peuvent, en proclamant
« la loi martiale, suspendre la liberté d'association » (²).

En ce qui concerne spécialement les associations religieuses, le même esprit de liberté tend à se répandre dans toutes les législations.

Nous ne dirons pas que ce mouvement est universel : il y a des nations, comme l'Italie ou la Suisse, où le *Kulturkampf* règne à l'état aigu, avec le cortège des mesures oppressives pour la liberté qui le constituent.

Il y en a d'autres, comme la Russie, où la crainte trop justifiée de l'action des sociétés secrètes a fait porter les atteintes les plus graves à toute liberté d'association.

Mais nous disons que ce courant de liberté tend à se propager, même chez les nations qui y paraissaient le plus hostiles, comme l'Allemagne.

C'est d'abord l'Angleterre, où les associations religieuses sont régies par les lois de liberté générale pour les associations que nous avons déjà signalées : il n'y a pour elles aucune exception au droit commun, sauf certaines restrictions en ce qui concerne la faculté de posséder des immeubles.

---

(1) *Comment. sur les Lois anglaises*, Liv. I, chap. I. (Traduction Chompré, I, p. 250, 251.)
(2) *De la Liberté politique*, p. 154.

Ce sont les États-Unis, en particulier l'État de New-York où la loi générale sur les associations (the *Common law* du 18 mai 1892 proclame la liberté pour toutes les associations, notamment pour « les sociétés sans capital, soit une « association ou corporation religieuse. »

Quant à la main-morte, elle n'effraie guère les libres citoyens des États-Unis, car l'article 12 de la loi du 18 mai 1892 s'exprime ainsi :

« Toute société sans capital divisé en actions, peut être propriétaire de « biens mobiliers et immobiliers jusqu'à concurrence de trois millions de « dollars, ou d'un revenu de cinq cent mille dollars ; pour le calcul de cette « valeur, il ne sera pas tenu compte de toute plus-value qui ne viendrait pas « d'amélioration faite sur la chose possédée. »

C'est la Hollande, à propos de laquelle, dans le Congrès si intéressant tenu à Paris les 25, 26, 27 mai 1899, sous la présidence de M. Lamy, M. le docteur Schœpmann, député au Parlement des Pays-Bas, s'exprimait ainsi :

« L'article 9 de la Constitution a reconnu pour tous les citoyens sans réserve « le droit d'association et de réunion. Mais on a ajouté que l'exercice en serait « réglé par la loi dans l'intérêt de l'ordre public.

« On voulait y apporter des restrictions qui détruisaient le principe. C'est « le propre des assemblées parlementaires. On y proclame de beaux prin-« cipes, puis on se dit : Mais les cléricaux vont en profiter. Et l'on bat en « retraite et l'on ne réalise aucun progrès.

« Il a donc fallu faire une loi organique sur les associations. On l'a faite « lentement, et à la hollandaise. La loi est sortie des délibérations assez « libérale.

« Elle proclame le droit de s'associer, et prohibe les associations qui ont « pour but la désobéissance à la loi, les atteintes aux bonnes mœurs, le « trouble à la liberté d'autrui. *Les associations religieuses ou de bienfaisance* « *jouissent de la personnalité publique sans réserve.*

« Il faut une autorisation pour les associations. Mais elle ne peut être « refusée que pour atteinte à l'ordre public. Il est vrai que l'ordre public est « très large et que ce mot peut cacher de grands dangers.

« En pratique, l'application de la loi sur les associations a été très libérale, « très honnête, très loyale. On n'a pas du tout refusé aux Capucins le droit « de pratiquer les conseils évangéliques » [1].

_____

[1] *Procès-verbaux du Congrès*, p. 79-80.

C'est la Belgique, où aucune loi d'exception contre les associations religieuses n'est venue limiter le droit à l'association que proclame l'article 20 de la Constitution.

L'Allemagne elle-même qui était, il y a quelques années, la terre célèbre du *Kulturkampf*, entre dans la voie de la liberté pour les associations religieuses :

« Le Code civil ne fait pas mention des associations politiques et religieu-
« ses. Elles continuent à être régies par les lois particulières des différents
« États de l'Empire. Elles peuvent être comprises dans l'article qui établit
« que les associations qui ne poursuivent pas un but économique acquièrent
« la capacité juridique par l'inscription. Elles peuvent se faire inscrire, quitte
« à tomber sous le § 61, qui porte que l'administration peut faire opposition
« contre l'inscription, quand l'association n'est pas permise en vertu du droit
« commun, ou peut être défendue, ou si elle est une association politique,
« sociale ou religieuse. Néanmoins, la situation de ces associations n'est plus
« aussi précaire qu'autrefois. L'administration fait-elle opposition contre
« l'inscription, l'association a le droit d'en appeler, il y a recours d'après la
« procédure établie par les paragraphes 20 et 21 de l'ordonnance » (¹).

L'auteur de cette étude conclut dans les termes suivants :

« ...... Ce n'est pas encore la liberté déployant ses ailes sans entraves
« pour prendre son vol à travers tous les domaines de la vie sociale; du moins,
« la voie est largement ouverte, et, si les espérances ne sont pas trompeuses
« bientôt la liberté pourra apparaître...... »

Puissent nos législateurs s'inspirer de ces exemples; il y a longtemps qu'on a dit de la France qu'elle est à l'avant-garde de toutes les libertés. Si nous voulons continuer d'occuper ce poste d'honneur, c'est sur la liberté d'association que tous nos efforts doivent porter, sans quoi, au lieu d'être à l'avant-garde, nous serions à l'arrière-garde des législations.

En résumé, à quelque point de vue qu'on se place, la liberté des associations religieuses, sous la réserve de certaines garanties pour qu'elles n'entravent pas l'action de l'État, apparaît comme un principe essentiel de droit, commandé au XIXᵉ siècle par l'esprit de tolérance qui règne à peu près par-

---

(1) *L'Association en Allemagne.* Procès-verbaux du Congrès des 25-27 mai 1899, p. 256.

tout, et qui est si conforme au caractère de notre nation, où des lois oppressives pour la liberté peuvent bien apparaître, mais ne peuvent pas s'acclimater.

C'est pourquoi nous avons la ferme espérance que le projet de loi du 14 novembre 1899 sera repoussé.

Nous sommes heureux d'abriter les principes que nous défendons en faveur des associations religieuses sous l'autorité des anciens maîtres du
barreau auquel nous avons l'honneur d'appartenir. En 1845, l'existence des
associations religieuses en France était menacée par un ordre du jour moti-
vé voté par la Chambre des Députés; la Consultation de Vatimesnil affirma,
dans un ferme langage, l'illégalité des mesures annoncées, et le barreau de
Caen adhéra à cette Consultation dans un travail que l'on a justement quali-
fié de « remarquable » [1]. Voici par quelles considérations, aussi bonnes à
méditer en 1899 qu'en 1845, se termine cette adhésion :

« ...... Tous en conviennent, la richesse publique, les merveilles de l'art,
« les conquêtes de l'intelligence et du génie laisseront toujours de nom-
« breuses, de profondes misères à secourir.. Jamais on n'aura trop d'auxi-
« liaires, trop de dévoûments à leur consacrer.

« Que le foyer du cénobite soit donc inviolable comme tout autre. Qu'il
« n'ait pas à craindre les agitations et les orages des luttes politiques; l'ex-
« périence le prouve, la vie commune développe et féconde l'énergie morale.
« Sans elle, l'esprit de sacrifice n'a qu'une partie de son efficacité pour le
« bien. Qu'on se garde de le décourager par l'inquiétude. Tous ont besoin
« de paix et de sécurité dans le travail.

« Le despotisme, l'arbitraire paralysent ce qu'ils menacent. Ils seraient
« fort embarrassants pour le pouvoir même. Des sacrifices ou des violences
« de parti pourraient le contraindre à en user malgré lui, et à se faire ainsi
« l'instrument des passions conjurées pour sa ruine.

« ...... Espérons qu'en France le droit de cohabitation religieuse sera
« respecté comme il l'est par tous les peuples libres.

« C'est le vœu de la loi ; la justice, l'honneur du pays, l'intérêt social bien
« compris ne permettent pas de le méconnaître. »

Voilà le langage du droit et de la vérité; nous le tenons, non pas seulement
parce que nous sommes catholiques, mais parce que nous aimons passionné-

[1] *Consultation* de M° Rousse, p. 55.

ment la France, le droit et la liberté ; parce que nous croyons « qu'une nation
« est d'autant plus heureuse, d'autant plus riche, d'autant plus grande que
« chaque citoyen y trouve plus de liberté pour développer dans tous les sens
« son énergie individuelle (1).

« C'est sur le droit seulement que nous entendons donner notre avis, écri-
« vait Mᵉ Rousse en 1880, avec la liberté qui est le premier devoir de notre
« état et le plus nécessaire de nos droits » (2).

Dans une sphère beaucoup plus modeste que l'éminent bâtonnier du barreau de Paris, mais avec l'indépendance qui est l'apanage de l'avocat, qu'il
parle ou qu'il écrive, c'est aussi sur le droit que nous entendons donner notre
avis ; cet avis est le résultat d'une conviction d'autant plus profonde qu'elle
est plus ancienne.

On nous permettra de rappeler en effet qu'en 1891, quand nous avons écrit
notre première édition du *Traité de la Société,* après avoir exposé ce que
nous croyons être l'état de la législation française sur les sociétés, nous
avons appelé de tous nos vœux une réforme législative, autorisant, comme
en Angleterre ou en Belgique, la constitution d'associations, créées dans un
but religieux, charitable, etc...., par une simple déclaration, suffisante pour
qu'elles jouissent de la personnalité civile :

« ...... De semblables associations, disions-nous, peuvent rendre de grands
« services à l'État dans lequel elles sont fondées, et le régime de la liberté,
« que nous voudrions leur voir donner, s'il présente la possibilité d'abus,
« offre en revanche la certitude d'innombrables avantages sociaux, et, comme
« Mᵉ Lyon-Caen, nous n'en attendrions que des bienfaits » (3).

Depuis lors, l'étude et la réflexion n'ont fait que nous confirmer dans cette
pensée, dont la présente Consultation n'est que le développement.

Nous voudrions avoir l'autorité et la persuasion nécessaires pour convaincre de la vérité de ces idées ; mais ce que nous sommes impuissant à faire,
nous espérons que d'autres le feront, et que ces vérités trouveront en France
des hommes capables de les faire triompher, malgré la force si puissante
des préjugés.

« Heureux, dit M. Desjardins, les peuples qui possèdent le secret de leur
« force et ne retournent pas leur bras contre eux mêmes ! Heureux les peu-

(1) Mᵉ Barboux, *Discours prononcé au banquet de l'union libérale,* 14 janvier 1896.
(2) *Consultation,* p. 13.
(3) *Traité de la Société,* nᵒ 28.

« ples qui savent préférer, en toute circonstance, leur propre grandeur à de
« stériles rancunes, et qui ont le courage de regarder la liberté face à face !
« L'empire du monde leur appartient » (1).

Puissions-nous être de ces peuples, et puisse le siècle qui va commencer
réaliser cette espérance si longtemps déçue de la liberté d'association en
France !

Si pourtant les protestations de tous ceux qui en France aiment la grande
cause de la liberté religieuse, et dont ces lignes ne seront que la part la plus
faible, n'arrivent pas à convaincre les esprits, nous serions profondément
attristé, mais non découragé ni inquiet de l'avenir. Me Barboux l'a dit éloquemment :

« L'histoire nous montre à chaque pas de ces retours en arrière ; ils sont
« la loi même du progrès et comme la condition de la durée des conquêtes
« de la liberté. Ainsi, le laboureur revient sur le sillon que la charrue a tracé
« et le creuse de nouveau, afin que ni le vent, ni l'orage, ni le pied du semeur
« ne le puissent effacer » (2).

Mais nous ne voulons pas croire qu'un projet aussi contraire à la liberté de conscience que le projet du 14 novembre 1899 soit voté. La liberté a
toujours eu en France, elle y a aujourd'hui de trop nobles champions pour
qu'ils ne la fassent pas triompher, et nous espérons, nous croyons que le jour
est proche où les jurisconsultes français pourront écrire avec la même fierté
que le jurisconsulte anglais Blackstone, dans le passage que nous avons cité
plus haut : « Chacun de nous est libre de faire ce qu'un honnête homme peut
« désirer de faire, et rien ne lui est interdit que ce qui serait nuisible à lui-
« même ou à ses concitoyens. »

Ce sera le triomphe, si ardemment désiré par tant d'hommes politiques,
de philosophes et de jurisconsultes français, de la liberté sous l'égide de la
loi, *Sub lege libertas.*

Délibéré à Caen, le 23 décembre 1899.

L. GUILLOUARD.

<hr>

(1) *De la Liberté politique dans l'État moderne*, p. 103.
(2) *Plaidoirie pour les Pères du Saint Sacrement*, Cour de Paris, 21 février 1879